Final Matters

The Lockert Library of Poetry in Translation

Series Editors: Peter Cole, Richard Sieburth, and Rosanna Warren

Series Editor Emeritus (1991–2016): Richard Howard

For other titles in the Lockert Library, see page 187.

Final Matters

Selected Poems, 2004–2010

Szilárd Borbély

Translated by Ottilie Mulzet

Princeton University Press

Princeton and Oxford

The original poems collected and translated in this volume are selected from the published collections *Halotti pompa: Szekvenciák*, 2nd ed. (Bratislava: Kalligram, 2006) and *A Testhez: Ódák & legendák* (Bratislava: Kalligram, 2010).

Requests for permission to reproduce material from this work should be sent to permissions@press.princeton.edu

Published by Princeton University Press
41 William Street, Princeton, New Jersey 08540
6 Oxford Street, Woodstock, Oxfordshire OX20 1TR

press.princeton.edu

Library of Congress Control Number: 2018936571
ISBN: 978-0-691-18242-1
ISBN (pbk.) 978-0-691-18243-8

British Library Cataloging-in-Publication Data is available

Editorial: Anne Savarese and Thalia Leaf
Production Editorial: Ellen Foos
Text Design: Leslie Flis
Jacket/Cover Design: Leslie Flis
Cover image courtesy of Shutterstock
Production: Erin Suydam
Copyeditor: Daniel Simon

This book has been composed in Minion Pro text with DIN Pro display

Printed on acid-free paper. ∞

Printed in the United States of America

10 9 8 7 6 5 4 3 2 1

The Lockert Library of Poetry in Translation is supported by a bequest from Charles Lacy Lockert (1888–1974)

Contents

From *Final Matters, Sequences, Book Three:
Hasidic Sequences*

From *Final Matters, Sequences, Book One:*
Sequences of Holy Week

A PELIKÁN ALLEGÓRIÁJA

Mert mint ama Pelikán,
amely Rozmaringra száll,
Rozmaringnak ágára,

s néz a lemenő Napra,
mert immár napszállatra
fény esik a Halottra

a redőny résein át,
arcát fénycsík szeli át,
várja a Feltámadást,

s a Madár csak halogat,
mikor már le ment a Nap,
számolja az ágakat,

a Rozmaring ágait,
amely olyan, mint a Hit
fénye, gyilkosan vakít:

„Kérlek zarándok Lelkem,
Téged is halott Testem,
Értsetek egyet velem:

Pelikán a Rozmaring-
ágra szállva ága ring,
s nem mozdítjuk szárnyaink.

Krisztus ötezer-négyszáz
És negyven ütést számlál,
amikor Őt megbántják,

s Töviskoronájának
hetvenkét kis ágának
tüskéi mind fájnának,

ha a Holt föl támadna,
s mint Pelikán, itt járna
az Allegóriája."

ALLEGORY OF THE PELICAN

For as that Pelican yonder,
alighting on the Rosemary branch,
　　on the Rosemary bower,

gazes at the Sun descending,
eventide and day's ending,
　　light upon the Dead One falling

through the fissures of the shutter,
the sun's last ray across his face,
　　he awaits—the Resurrection.

And the Pelican bides its time,
when the Sun has already declined,
　　reckons the number of branches,

the branches of the Rosemary bush,
like the light of Faith itself,
　　murderous, it blinds:

"I ask of you, my Pilgrim Soul,
You, my Body, passed from this world,
　　in this grant me your accord.

The Pelican alights on the Rosemary's
bough, and its branches sway;
　　our wings at rest remain.

Christ counts the blows, five thousand
four hundred and two score, when
　　offense is given to Him,

and, within his Crown of Thorns,
thorns of seventy-two branches,
　　how great would be the torment,

were the Dead One to arise,
and walk here, like the Pelican,
　　its Allegory revived."

VÉGSŐ DOLGOK

A Halál

Nem volt semmi, ami több lett volna,
mint az elmúlt napok hordaléka,
mit a szél gyűjtött az udvar szögletébe,
mígnem kijött a Fány néni, és elsöpörte,

és beszólt még a földszinti lakásba,
hogy „jó reggelt!", és „mi lesz ma ebédre?"
Aztán a nap sütött. Galambok szálltak
a házereszre. S látszott a beton minden rücske,

külön-külön és mindörökre. Tavasz volt.
A spaletták behajtva, a redőnyök leeresztve.
S az ablak, hogy résre nyitva volt, az különös,
de mégse annyira. Aztán mindenki kereste

okát a furcsa szagnak. Így lett megint este
és reggel. Harmadik nap. De a földszinti
lakókat, idős házaspár, senki sem kereste.
A nyomozók unottak. Őket nem érinti

meg semmi már. Részegen érkeztek, és a
szomszéd büfében rátöltöttek. A hullákat
Húsvét miatt gyorsan eltemették. Az ügyet
ad acta tették. És nem kapcsolták be a *Dies irae*t.

FINAL MATTERS: DEATH

There was nothing more than there should have been,
the common residue of the last few days,
gathered by the breeze into the courtyard nooks,
until Fanny the charwoman swept them away

and into the ground-floor flat called
"Good morning!" and "What's for lunch today?"
The sun shone down. Doves alighted on the eaves
and pockmarks on the cement were seen

each one by itself, for eternity. It was Spring.
The shutters were folded, the shades drawn.
The window opened just a crack, which was strange,
but maybe not so much. And then everyone

was seeking the cause of the peculiar smell. Evening
came, and morning again. The third day. No one
thought of the elderly couple in the ground-floor flat.
The detectives were bored. Nothing affects them

anymore. They were drunk when they got there and
guzzled even more at the drink-stand next door. The corpses
were buried quickly, because it was Easter. The case
was closed. And no one played the *Dies irae*.

AETERNITAS

(1)

Az örökké-valóság
hideg, mint a véső,
amellyel faragták
Jézusunknak arcát.

Az örökké-valóság
merül, mint a kavics,
nézed a folyót, hát
nyugodt újra a víz.

Az örökké-valóság
ugrik, mint a bolha,
mire odakapnál
már vagy a pokolba.

Az örökké-valóság
mély, akár az elme,
amelyben lakozik
Krisztusunk kegyelme.

Az örökké-valóság
ketyeg, mint az óra,
néha mégis kihagy,
mondjuk, virradóra.

Az örökké-valóság
vékony, mint a penge,
amelyet a Halál
csempész a szívedbe.

Az örökké-valóság
rövid, mint az élet,
hirtelen ér véget,
mire elmeséled.

AETERNITAS

(1)

The Eternal is
cold, like the chisel
used to carve
the face of our Jesus.

The Eternal is submerged,
like the pebble,
as you gaze at the river and see
the water again tranquil.

The Eternal leaps
away, like the flea
you clutch at in vain—
already the inferno.

The Eternal is profound,
like that awareness
in which resides
the mercy of our Christ.

The Eternal ticks
on, like the clock,
though maybe it misses
—at times—the dawn.

The Eternal is thin
as the blade of the knife
which Death then slips
into your heart.

The Eternal is,
like life itself, fleeting—
it comes to an end
while you're speaking.

ROSARIUM

A Nimfákért

Van valami a lélekben. Talán a nagyravágyás,
ami nem hagyja nyugton. Emlékezetéből kihull

a várakozás ideje. Csak a körülmények maradnak,
a nyitott tenyér, a félrecsúszott száj, a hideg

érintés a homlokon. A szemhéj három-négy
öltéssel levarrva a könnyzacskóhoz. Most

mind a kettő csukott, csak szikével nyitható
már. A köldökzsinórt a fogaival rágta át. Az arca

véres lett. A fogak csikorgását hallották meg
a nimfák. A poézis tájain minden kallódó alak

követte a nyomát. A hűtő mellett kiömlött tej
foltot hagyott a kövön. Az árnyak szomjasan

gyűltek köré. Egész napon át csak hallgatták.
A nyitott szem peremén várakoztak. A fehér,

köves domboldalon juhnyáj ereszkedett alá.
Mint nagymamák kibontott kontya este. Vagy

mint fogak, amelyek fehérebbek és merevebbek
a csontnál. Mint a tolakvó lelkek a száj körül.

ROSARY FOR THE NYMPHS

There is something in the soul. Perhaps a yearning for greatness
which never leaves one in peace. From memory, the time

of waiting falls away. Only circumstances remain,
the opened palm, the mouth askew, the cold

touch on the forehead. The eyelids bound
to the tear ducts with three or four stitches. Both

already closed, only a scalpel could open them
now. The umbilical cord, gnawed through with the teeth. The face

bloodied. The nymphs heard the grinding
of teeth. In the realms of poetry, all errant forms

followed the trace. The spilt milk left a stain
on the stone floor by the fridge. The shades thirstily

gathered round. For the entire day, they listened in silence.
Waiting by the edge of the opened eye. The flock of sheep

drifted down the white stony hillside. Like a grandmother's
hair at night, falling from its knot. Or like

teeth, which are whiter and more rigid
than bone. Like specters, jostling around the mouth.

AZ ÜRESSÉG SZEKVENCIÁJA

Üresség a lapok szélén félelmetes,
ahogy ott véget ér a mondat,
    és átlebeg

a másik lapra, lapozgatva
közben, meg semmi nem tartja
    magában

a világot, amely elvész,
ha nem figyelsz, már nincs is ott
    a Lélek,

csak a Gonosz, amely Rád les
a Tükörben, s a szembogárban
    figyelve

a lapszélen, üresség támadhat,
és leírt mondat nem maradhat
    teljesületlen,

mert az írásnak be kell telni,
aki Szent, annak kell jönni:
    Marana tha!

Szálljon le a kegyelem,
és múljék el ez a világ!
    Amen!

THE SEQUENCE OF EMPTINESS

Ghastly the void at the page's edge,
where the sentence comes to an end
and floats across

to the next page, turning over
the leaves, yet nothing contains
within itself

the world, which, should you not
pay heed, is lost, for the Soul no longer
there resides,

only Malediction, as it watches
you in the Mirror, the pupil of its eye
observing

by the pages' end, where the void may arise,
the sentence penned may not remain
unfulfilled,

for that which is written must come to be,
He who is Sacred must appear:
Marana tha!

May grace upon us descend,
and may this world now reach its end!
Amen!

KARÁCSONYI SZEKVENCIÁK

(1)

Golgotán a keresztfára
szemünk tekint Jézuskára

aki mikor megszületett
értünk akkor megöletett

anyaméhből kicsi testét
e világra kivetették

egyedül jött csupasz élet
vele jött egy kicsi lélek

nem is volt még gatyácskája
úgy nézte az atyácskája

a keresztre pici kezét
felszögezték csupán ezért

meg kell halni mindörökre
értünk magát meggyötörte

kicsi Jézus halott teste
fölött lebegett a lelke

betlehemi éjszakában
Pilátus sír egymagában

néz a jászolban fekvőre
szögek helyén a kezére

jobb oldalt a széles sebre
töviskoronás fejére

jászol alján iszamós vér
kicsi kicsi Jézus testvér

játszik a csöpp kis kezével
tenyerében a sebével

forgatja és átnéz rajta
mosolyog a halott arca.

SEQUENCES OF CHRISTMAS

(1)

On Golgotha, by the crucifix,
our eyes are trained on sweet Jesus

who when he came into this world
for all our sakes was murdered

tiny being from his mother's womb
cast out upon this world

a naked life came all alone
and with it came a tiny soul

the infant has no swaddling clothes
only his father's watchful gaze

his tiny hand laid on the cross
and held in place with nails because

for all time now he must die
for our sakes he lies in agony

there the infant's tiny corpse
hovering above its soul there floats

on that night in Bethlehem
Pontius Pilate weeps alone

sees the one in the manger laid
the nails driven into his hands

the wide gash on his right side
crowned with thorns is the infant head

the manger's straw is slick with blood
tiny tiny Jesus brother

with his hands so very small
plays with the wounds in his tiny palms

turns them round, peering through:
the infant's face, dead, smiling.

VÉGSŐ DOLGOK

A Pokol

Csak ült az ágya szélén, s várta Őt—
már évek óta. Azt mondta, nem tudok
felejteni, hiába. Olyan ez a nap, mint
bármi más, mint egy szoros burok—
mondta napra-nap. És nem tudott
meghalni sem, hiába. Nézte a falat.
A szemében nem volt már semmi fény.
Csak néhány régi dolog átszaladt

fejében. Tétova mosoly. „Most hol vagyok?" —
kérdezte. De nem várt már semmi választ.
Ahogy a többi kérdésre sem hitte, hogy lehet
felelni még egyáltalán. Belátta már azt,

hogy nincs semmi, ami megérné felkelnie
annak, aki elesett. „Talán egy másik élet...",
mondta néha. Hiába. „...mert elárulom Őt
azzal, hogy itt a gyilkosokkal közt élek."

He sat on the edge of the bed and waited for Him—
for years now. He said: I try to forget
in vain. That day was like any
other, like a confining husk—

he repeated this daily. And he couldn't
even die, that too was no use. He looked at the wall.
In his eyes there was no longer any light.
Only a few irrelevant thoughts flitted across

his brain. A hesitant smile. "Where am I?—"
he asked, but expected no answer.
As with all the other questions, he hardly
believed there could be answers. He perceived

that for the one who has fallen
there is no longer any reason to ascend. "Maybe
in another life . . ." he said at times. In vain. ". . . For I
live here among assassins, which is how I betray Him."

AETERNITAS

(2)

Az Örökké-valóságot
elfelejtiném:
olyan, mint az élet,
hosszú és kemény.

Jön egy ember délről,
vállán van kereszt,
kérdezgetik tőle:
„Honnan vetted ezt?"

Nem felel, ha kérdik,
mért nem teszi le,
csak viszi magával.
Nem fér zsebibe.

Tárcájába tenné,
oda se lehet;
számolja a pénzét:
„Ezer, ezeregy..."

Nyelve alá tenné,
mert kérdik néha:
„Te vagy a tanítvány?
Te vagy az a Béla?

Vagy talán a Péter?"
Félve néz oda.
Mennie kell mindig.
Nem pihen soha.

AETERNITAS

(2)

The Eternal is what
 I'd rather forget:
Like life itself,
 unyielding, without end.

A man approaches from the south
 bearing a cross upon his back,
people gather round and ask,
 "Where did you find that?"

If they ask he doesn't tell them
 why he doesn't put it down,
he simply carries it further,
 in his pocket there's no room.

He might put it in his wallet,
 but no, not even there,
as he counts his pieces of silver,
 "A thousand, a thousand and one . . ."

Or even underneath his tongue,
 because at times they ask:
"Are you one of the disciples?"
 "Is Béla your name?"

"Are you by any chance Peter?"
 He looks up in distress,
Always he must move on,
 Never finding rest.

AETERNITAS

(3)

Az örökké valóság
olyan, mint a fejsze,
amellyel egy gyilkos
vert valakit fejbe.

Az örökké valóság
olyan, mint a rablás,
amelyre riadva
üres már a padlás.

Az örökké valóság
vörös, mint a friss
vér. Fölötte a pára.
Majd eloszlik az is.

Az örökké valóság
olyan, mint a szíve
annak, kit megöltek
a rablók ízibe.

Az örökké valóság,
akár a gyilkosság,
széttöri a Képmást,
a Halottnak Arcát.

Az örökké valóság
tökéletes, mint a
Tökéletes Bűntény
megfejtetlen Titka.

Az örökké valóság
olyan, mint a szeme
annak, kit megöltek:
Iszonyat van benne.

18

AETERNITAS

(3)

The Eternal
is like the axe
the assassin slams
into someone's head.

The Eternal is the act
of pillage from which
in panic the garret
now is empty.

The Eternal is scarlet,
like fresh blood. Above it
rises a vapor.
Then it too disappears.

The Eternal is like
the heart of him
the robbers murdered
without hesitation.

The Eternal is
like murder,
it destroys the Effigy,
the Face of the Dead.

The Eternal is flawless,
like the in-
decipherable Secret
of the Perfect Crime.

The Eternal is like
the eye
of the one killed:
Dread is in his gaze.

Az örökké valóság,
mint a sok Arkangyal
sír, akik szolgáltak
Jézusnak nagy Haddal.

Az örökké valóság
olyan, mint a Hajnal,
amelyre nem ébred
többé az Őrangyal.

The Eternal weeps,
like the many Archangels
who served Jesus
in their Multitude.

The Eternal is like
the Dawn, to which
the Guardian Angel
shall no longer awaken.

KARÁCSONYI SZEKVENCIÁK

(3)

Este van már Betlehemben,
hallgatnak a kondások.
Egy lerobbant étteremben
a muzsikus cigányok.

Amikor a három király,
három vérpiros rózsa.
Három hervadt liliomszál
bekopog az istállóba.

Így hullik be a résen át
a teleholdból egy kevés.
S fénylik még két éven át,
mint kocsmaasztalon a kés.

SEQUENCES OF CHRISTMAS

(3)

Evening now in Bethlehem,
the swineherds fallen still—
In a decaying tavern,
Gypsy musicians play.

When the Three Kings arrive,
three roses red as blood.
Three wilted lilies
knock at the stable doors.

As through the crevice falls
a bit of the full moon.
It shines for two more years,
the knife on the tavern board.

SZABÁLYTALAN ZSOLOZSMA

Benedictus-antifónia

Jó Halálnak boldogsága
légy velünk ma éjjel,
hogy ha szívünk nem találna
nyugtot, adj a késsel!
Hogy sokáig ne szenvedjünk
gyilkosok kezébe',
jó Halál, Te jöjj el értünk
Krisztusunk helyébe!
Küldj rablókat, katonákat,
akik tudnak ölni,
hogy feledjük el a Fákat,
s mindent, ami földi.

ERRATIC LITURGY OF THE HOURS

Benedictus-antiphon

O, bliss of Sweet Death
come at midnight for our souls,
should our hearts not find peace
grant us at once the knife!
So we shall not suffer long
in the assasins' hands
come for us now, o Sweet Death,
in place of our Christ our Lord!
Send soldiers, and plunderers
who know the art of murder,
so that we may forget the Trees,
and all that's of this earth.

VÉGSŐ DOLGOK

Az Örökké-valóság

A pára csap fel így a téli tájban,
a könnyű füst a gázkazános házban.

A hegyoldalban ortodox temető
vakít a napsütésben, mint a kő,

mely izzott, ahogy a tűzben
az olvadt érc forrong az üstben.

A délután így kezdett esni,
mint némely angyal a resti

előtt a pocsolyába dőlve
várt potya piára, könnyű nőre.

Míg messze, a külkerületekbe'
elmúlt az idő egyszer s mindörökre,

mert ott volt az Utolsó Ítélet,
egymást taposták a sok keresztények.

A pogányok pedig csak itták a kólát
egy kocsmában, úgy hívják: Örökkévalóság.

FINAL MATTERS: TIME WITHOUT END

Across the winter land, the vapors rise,
the thin smoke from the house's gas furnace.
The Orthodox cemetery on the mountainside
blinding, in the sunlight, like stone,

incandescent, while in the fire
the molten ore seethes in the cauldron.
In the afternoon the rain began,
as a few angels lounged

outside the dram-shop, lurching in the mire,
for free booze, or wenches, to slake their desire.
While far away, in the distant outskirts
Time itself had vanished for good,

for the day of the Last Judgment had come,
as the hordes of Christians trampled each other.
And the pagans sat there, sipping their Coke,
in the tavern known as "Time without End."

A CORRECTIO SZEKVENCIÁJA

A Halálnak hálójában,
végtelen nagy Órájában
úszkálnak a csillagok.

Föl-le járnak, muzsikálnak,
korcsmaházban bozseválnak
részegen az Angyalok.

Sírva siratják a Krisztust,
aki megszületett itt most
vérbe fagyva. Andalog

lassan az emmauszi úton.
Egyedül van, mint az ujjom.
Nincsen benne szánalom!

THE SEQUENCE OF CORRECTION

In Death's final snare,
in its infinite final Hour,
    the stars playfully swim.

The bacchanalia resounds as
carousing through the pub
    the Angels wander drunkenly.

Weeping, they lament the Christ,
who was born here,
    freezing into blood. Slowly,

immersed in reverie, on the road
to Emmaus. Alone, like a pointing finger.
    In which there is no mercy!

From *Final Matters, Sequences, Book Two:*
Sequences of Amor and Psyche

A HALSZEM PÉLDÁZATA

A mélytengeri halak, a barlangban lakó állatok
bőre nem termel színanyagot. Csupasz, áttetsző
hártya borítja őket. Elcsökevényesedett a
látásuk is. Akkor sem érzékelik a fényt, ha
kibukkannak a felszínre. Aki sötétségben él,
nem ismeri a félelmet. Az emlősök hólyagszeme
különleges szerv. A misztikusok szerint fény
lakik benne. Középkori magyarázatok feltételezték,
hogy láthatatlan csápok nyúlnak ki belőle, amelyek
letapogatják a tárgyakat. Az alig kétszázezer éves
Malawi tóban él egy halfaj, melynek egyetlen
tápláléka a többi hal szeme. A megtámadt állatnak
csak a szemét tépik ki. Majd könnyedén kiszakítják
a másikat is. A megvakított hal még úszik egy ideig.

PARABLE OF THE FISH'S EYE

Fish at the ocean's bottom, creatures of sea-caves,
generate no pigment on skin or scales. Their covering is
a bare, translucent pellicle. And their vision is just
as stunted. Even rising to the water's surface,

they cannot sense the light. To live in darkness
is never to know fear. The mammal's cephalopod eye
is a unique organ. According to the mystics, it's inhabited
by light. In medieval times, it was thought

that invisible tentacles reach from the cavity, groping
objects around them. In Lake Malawi, now two hundred
thousand years old, there lives a species of fish which survives

only on the eyes of other fish. Attacking, it rips
out one eye from its prey. Then easily tears away
the second. The blinded fish swims on for a while.

A CSÁSZÁR HALÁLA

Egy kínai császár, hogy hatalmát
megőrizze, úgy döntött, sohasem fog
kegyelmet gyakorolni. Uralkodása
a Mennyei Birodalom leghosszabb
békéje volt. Állhatatosságával
legyőzte a Félelmet, az Önvádat,
a Nagyravágyást és a Kegyetlenséget.
És felvirágoztatta az országát.

Egy nap a Könyörületet hozták
elé. Tudta, az Igazság nevében
kell ítélkeznie. Napokig ült egy
sötét szobában. Álmában kérte
a Könyörületet, bocsásson meg.
Az megtette. Másnap kivégezték.

DEATH OF THE EMPEROR

A Chinese emperor, in order to preserve
his power, decided he would never
grant clemency to anyone. His reign
gave the Celestial Empire its longest

peace. Through his resolve,
he conquered Fear, Vainglory, Self-
Recrimination and Savagery.
And he caused his kingdom to prosper.

One day, Compassion was brought before
him. He knew that in the name of Truth,
justice had to be rendered. For days he sat

in a darkened room. In his dreams he
pleaded for Compassion's forgiveness. Which was
granted. The execution took place the following day.

ÁMOR KICSI HALÁLA

Amikor a szerelemnek vége,
egy ezred fokkal hidegebb
lesz a test. Visszafordíthatatlan
folyamatok indulnak el benne.
Az agyban apró elváltozások.
Néhány idegsejt elhallgat,
és a rábízott emlékeket nem
továbbítja. Egyéb semmi.
Ami könnyű volt, most süllyedni
kezd. Fehérebb és hidegebb a bőr,
és akár a márványon, erek futnak
rajta át. Az idegrendszer egymást
metsző szövedékében észrevétlen
marad egy repedés a lélek után.

THE MINOR DEATH OF AMOR

When love comes to an end,
the body turns colder by one-thousandth
of one degree. Irreversible processes
begin to take place.

Within the brain, minute transformations:
Certain nerve cells become mute,
no longer transmitting the memories
entrusted to them. Nothing else.

What before was light now begins
to subside. The skin becomes colder, and whiter,
like a marble's surface, the veins fleeting

across it. In the nervous system's fibers,
traversed by piercing signals,
of the soul, an imperceptible fissure lingers.

AUGUSZTUS AKVARELLJE

Mert bizonytalan a halál beálltának
ideje, figyelni kell az írisz erezetét
és a pupillát. Amikor a zöld
színű szemekben sárga hervadás
kezd terjedni, ahogy ősszel
az erdők lombozatán. A feketék
repedeznek, akár a beszáradt
hollótus. A halál közeledtével
ellazulnak az izmok. Majd ezt
követően kitágul a pupilla. Ennek
eredményeként egyre több fényt
nyel el az üvegtest, és az írisz sávja
elvékonyul. A kék szem fenyegetőbb
lesz, mint a felhőtlen augusztusi ég.

WATERCOLOR OF AUGUST

Because the precise onset of death
is uncertain, one should observe the veins in the iris
and the pupil. When in green
eyes the yellow withering begins

to expand, as amongst the foliage
of the trees, in autumn. Black eyes
become rent with fissures, like dried-out
Chinese ink. With death's approach,

the muscles slacken. Then
the pupils dilate. As a result
of their dilation, still more light

is absorbed by the eyes; the iris becomes
a thin streak only. Blue eyes turn more
threatening, like a cloudless August sky.

A VÍRUS NEVE: KILLER AMOR

A pillanatnyi tétovázás este,
az alvás és az ébrenlét között,
míg másik program töltődik a testbe,
egy kis gyanú a szívbe költözött.

Már sötét volt az ég nagy képernyője,
aludtak benne minden csillagok.
Felvillanó, apró fények és hőre-
érzékeny másolt, lopott programok.

Takarékos üzemmódra kapcsolt.
Aludt a test. És álma algoritmus.
Az élet az. Ám van benne egy vakfolt:

az önmagát tesztelő rendszer számol
minden lehetséges veszéllyel. De vírus
támadja meg. A neve: *Killer Amor*.

THE VIRUS'S NAME: KILLER AMOR

In the evening, the momentary indecision
coming between sleep and awakening,
as the body downloads a different program
and a tiny suspicion creeps into the heart.

The large screen of the Heavens was dark
already, and all the stars were fast asleep.
Tiny flashing lights and
thermosensitive pirated software.

Shifting into energy-saving mode,
the body slept. The algorithm of dreams.
That's what life is. With one blind spot:

for every potential threat, self-testing
regulatory systems are ready. But the virus still
attacks. Its name: *Killer Amor*.

A HALÁL ENIGMÁJA

Egy középkori legenda szerint egy nőtől
ellopták a még egészen kicsi, gyámoltalan
gyermekét. Emberkereskedőkhöz került,
akik egy távoli országba adták el. Az anya
útra kelt. Mindenfelé érdeklődött utána, és
néha majdnem meg is találta, de ekkorra
a tulajdonosok már tovább is ajándékozták.
Csupa szépet meséltek róla. Időközben
felnőtt. Majd megöregedett. Azt beszélték,
mindenhol békét teremtett. Akár az életüktől,
úgy váltak meg tőle, hogy másokkal is jót
tegyenek. Az anya egész életében erre a
találkozásra várt. De félt, hogy nem tudná el-
viselni. Ezért haláláig halogatta a viszontlátást.

ENIGMA OF DEATH

According to a medieval legend, a tiny
helpless infant was once stolen from
its mother. The child fell into the hands of smugglers,
was sold to strangers in a distant land. The mother set off

in search. She looked for the child everywhere,
and a few times came close, but by then
the owners had already given it to others.
Wondrous legends were told of the child. Who

in the meantime became an adult. Then grew old. They said
there was peace wherever he went. People parted from him,
as from their own lives, to bequeath the good

to others. The mother waited for this meeting
her entire life. But she was afraid she couldn't
bear it. And so postponed the encounter until her death.

A PILLANGÓ ENIGMÁJA

Egy *Animus* néven bejelentkező internetes
sorozatgyilkos szerint áldozatai utolsó szava:
Szerelmem volt. És boldogan haltak meg kezei
között. Az élet közönyével szemben a nyelv
ad biztonságot. Az utolsó szavakat azonban
csak a gyilkosok hallják. A túlélők mindig
a tettesek szavaira emlékezhetnek. Aztán a
szeretet melegségének helyét elfoglalják a
jegyzőkönyvek. A nyomozók átvizsgálták
a szolgáltató archívumát. Megállapították,
Animus nem akarta, a lányok erőszakolták ki
a találkozót. Végül teljesen sötétben hajlandó
volt erre. Áldozatai nyitott szemére gombos-
tűvel egy-egy nappali pávaszemet tűzött.

ENIGMA OF THE BUTTERFLY

According to the internet serial murderer
known as Animus, the last words his victims uttered
were: *My love.* And they died blissfully between
his hands. Language grants security

in the face of life's indifference. The last words, however,
are heard by the murderers alone. The survivors'
keepsake is the perpetrators' words.
Then police files occupy the place

of love's fervor. Detectives examined
the servers' archives. They determined
it was not *Animus* but the women who insisted

upon their encounters. Preferring finally to meet him in
all-enveloping darkness. Using a straight pin, he fastened
a peacock-butterfly to each of his victims' opened eyes.

A TUDAT EGYKORI TÁJAI

Aki gondolkodik, nem talál helyet a szétnyíló,
és összecsukódó lombok között. Egy rigót,
vagy fakúszót fednek el az ágak. Miközben
hajladoznak a fák, mélyeket lélegzik a mező,

pára emelkedik fel a zápor után. És mint valami
meleg paplan, megsűrűsödik, lebeg fönn a folyó
és az erdő fölött. Így van a halállal is. Szavakat
gyűjtenek az erdőben azok, akik az újjászületésre

várnak. A hallgatás mélyen nyomódik bele az agy
puha, zsíros szövetébe. A felejtés hűs folyó, rejtett
áramlatai simogatják a hullámaiba lépők

lábait. Mint tabletták, színes kavicsok csillannak
a meder fenekén. De a lélek vegyileg tompított
fájdalma mélyén mégis az eltorzult arcú szatír üvölt.

THE FORMER REALMS OF CONSCIOUSNESS

(1)

The one given to reflection shall not find a place among
the foliage as it unfolds and comes together again. A warbler,
or tree-creeper, concealed by the branches.
As trees sway, the meadow breathes deeply,

after the rain the vapors ascend, and thicken,
like a warm downy quilt hovering above,
between the woods and the river. Just as with death.
Those awaiting rebirth gather words in the forest. Silence

leaves its profound impress on the brain's yielding
fatty tissue. The chill river of oblivion gently
caresses the legs of those who step

into its furtive currents. Colored pebbles shine like capsules
at the riverbed bottom. But in the depths of the soul, its torture
chemically muted, a satyr, his face contorted, shrieks.

AZ IDILLKÖLTÉSZET KORLÁTAI

(1)

A test a lélek nélkül oly esendő,
akár egy gondolat, amely hagyott
maga mögött egy vékony jelölendő
hangzó test és nyelv nélküli nyomot.

A papírlapra rajzolt fa oly vékony,
s úgy válik el attól, mit ábrázol,
mint lélektől a test, amely múlékony
jelölője a fának, mint az *arbor*.

A halálos csók úgy hagy lenyomatot
az élő lelken, mint egy gondolat
az agyszöveten: valami marad ott,

de semmi, ami múlandó. Sokat
már nem jelent a test. És nem beszél.
Úgy válik el, mint ágtól a levél.

THE LIMITATIONS OF THE PASTORAL LYRIC

(1)

The body is so frail, once the soul is gone,
like a thought which left behind
a trace without language and a body,
a thin sound yet to be marked.

The tree drawn on the paper is so thin,
it parts from what it depicts,
as the body parts from the soul, like
the fleeting signifier from the living tree.

The deathly kiss leaves its impress
on the living soul, as a thought expressed
on the brain's tissue: something rests there,

but nothing that passes. The body
means little now. No longer speaks.
Drifting away like the tree's leaf.

A HANGOK EMBLÉMÁJA

A nyelv a legkegyetlenebb. Nem emberi.
Csupán jelek játéka és szabályok hideg
rendje. Egyetlen ember sem tulajdonosa
a nyelvnek, amit beszél, hanem kölcsön
kapta. Amikor beszél, úgy látogat el hozzá
és szállja meg a Hang a testét, ez a kegyetlen
Isten, ahogy Ámor tette Pszichével. Amíg
beszél, addig sem ő beszél, hanem az
istenek. A valamikori véres szörnyűségek
okozta megrendülés miatt összezavarodott
tudatok lenyomatai. A testet öltött félelem
lábra kap. De a neveknek nincs sem idejük,
sem múltjuk. Ahogy a beszédnek nincs
története, úgy hullnak ki belőle a Hangok.

EMBLEM OF VOICES

Language is cruelest of all. Inhuman.
Nothing but the interplay of signs and grammar's
sterile order. No single person owns the language
he speaks, but merely receives it

on loan. When he speaks, the body is visited
and then seized by the Voice, that ruthless
god, just as Amor seized Psyche. During the utterance,
it is only the gods who speak, and no one else.

The imprint of consciousness is disturbed
by the shock of bloody atrocities
committed long ago. Fear clothed in bodily form

gains ground. But the names have no time,
not even a past. Just as speech
has no tale to tell, the Sounds from it fall away.

ÁMOR KRISZTUS

A Kis-Ázsiából származó első Krisztus-
ábrázolásokat a hellenizmus korának
szobrászai készítették. Az időtlen férfi-
szépséget mintázták meg. A fiatal fiúk
hamvas báját. A héroszt, aki meghal,
de istenként feltámad. Nincs benne sem
szeretet, sem szenvedés. Csak az ápolt
test, a kidolgozott izmok, a görög világ

megejtő bűntelensége. Haja fürtökben.
Testének súlypontját kicsit áthelyezi
bal lábára, hogy ezzel is lágyságot, az ívelt

csontok és a feszes izmok játékát kölcsönözze
az ábrázolásnak. A katakombák istene
mégis a bomló hús és a bűn üdvössége.

AMOR CHRIST

The first depictions of Christ were made
by Hellenic sculptors in Asia Minor.
Representations of timeless
masculine beauty. The downy enchantment

of young boys. The hero who dies
but is resurrected as a god. No love
in him, no suffering. Simply the well-tended
body, the sinewy tendons, the seductive guiltlessness

of the Greek cosmos. Hair in curly tendrils.
The body's weight slightly shifted
to the left foot, the outline enhanced

by the play of taut muscles, arching
bones, the mellowness of his body. The god
of catacombs, salvation of rotting flesh and transgression.

AZ IDILL ELLENDALA

Az arca, mintha Ámor
    arca volna,
mert szárnyacskákat lát
    a váll fölött.

A száj körül a mosoly
    olyan édes,
mint férfiaké, kiket
    nők becéznek.

Szemén fehér kötést lát,
    mely alatt, ha
    kezecskék játszva

kibontanák: gézcsík ragadt a
    sötét szemgödörbe.
És alvadt vért is látna.

PASTORAL ANTILYRIC

That face, as though it were
    the face of Cupid,
because above the shoulders
    are tiny wings.

The smile around the mouth
    so sweet,
like that of men who are
    caressed by women.

Eyes swathed in white bandages,
    under which the tiny hands,
    playing, make them

come undone: shrouds of gauze
    clinging to black eye-sockets.
Also visible is clotted blood.

A SZABADSÁG SZÁRNYAIN

Amivel a Lepkegyűjtő csapdába csalta,
az saját vágya volt. Saját teste, amely
a testen túlra vágyott. Élvezte, hogy
ismeretlen erőszakot követhet rajta el,

mert teste tárgy ilyenkor. Szenvedett,
akár az állat. De a lelke szabad. Érezte,
a testnek meghalni már szinte élvezet,
ha lelke, mint a báb. „Ki vagy"—kérdezte

tőle Psziché. „Anyád! Csak tartsd a szád,
és kussolj, hogyha duglak!"—válaszolta.
És sötét volt köröttük, mint a szájban.

Mert a nyelv, akár az éjszaka. Nedves,
megfejtetlen zörej. Csupa iszonyat, és
formátlan, zsigeri sikoltás. Nem emberi.

ON THE WINGS OF FREEDOM

It was her own desire that lured her
into the Butterfly-Hunter's trap. Her own body,
longing for what was beyond it. Savoring
the anonymous violence done to her,

her body now a mere object. Suffering
like an animal. But her soul was free. Dying,
she felt, is almost rapture to the body,
when the soul is only a puppet. "Who are you"—Psyche

asked. "Bitch!—I'm going to fuck you,
so just shut up and lie down!"—came the answer.
And darkness was all around them, as in the mouth.

Because language is like night. Moist,
indecipherable grunts. Pure dread, and
inchoate visceral shrieking. Inhuman.

AZ ÖRÖK SZERELEM

Nagyon hideg nyirokba lóg a lába,
s keresni kezdi: „Mégis, hol vagyok?"
S a kulcsokat meg „hova a csudába
tehettem?"—azt kérdezi. Furcsa szagok

veszik körül. Akár egy szonett váza,
felállványozva vannak mondatok
körben: „Építési terület. Háza
a nyelv." Metafizikus rendet rakok,

s leugrok egy nonstop áruházba.
„Vérsajtra, Édes, s Nescaféra vágyol?"
Egy hang kérdi a sötét lépcsőházba.

Talán szerelmi dráma lesz a vége . . .
De semmi baj. Szabadnapos ma Ámor.
Ha van rend, rendben. Mindent összevéve.

ETERNAL LOVE

Into the bones a dank chill creeps,
"Where am I?" suddenly, the searching question.
And then the keys, "Where the hell
did I put them?" he asks. Surrounded

by strange scents. Like a sonnet's bare frame,
the scaffolding of sentences stand
all around: "Construction site: the House
of Language." I put things in metaphysical order,

and dash into the all-night grocery.
"Blood pudding, my dear, and instant coffee?"
a voice asks on the darkened stairs.

Perhaps it will end in violent passion. . . .
But don't worry. Cupid has today off.
All's well that ends well. Roughly.

A SZÁMÍTÓGÉP ESTE

Vannak azok a pillanatok este, amikor
az ember fáradt már bármit csinálni.
Csak ül csendben. Még nem álmos, de
nem is friss. Olvas néhány Kosztolányi
sort lélekről, őszről, titokzatos megállókról,
elmúló időről. Mert az idő is olyan, mint
az élet: csupán a testen hagy nyomot.
A tudatban, a lélekben vagy a nyelv
viszonyrendszerében. Nem is tudom. Valaki
kinéz az ablakon, hogy távol a csillagok
vajon mit is csinálnak. Elgondolkodik azon,
hogy a föld és a csillagok közt élt ő. Fél
elaludni. Mint a gyerek este, kifogást
keres. Amíg táncol a képernyőkímélő.

COMPUTER, EVENING

There are certain moments in the evening when
one is too tired to do more.
Just to sit quietly. Not tired enough for sleep,
but not really energetic either. You read a few lines

from Kosztolányi about autumn and the soul, mysterious
way stations, the passing of time. For time is like life
itself: it leaves its imprint on the body alone.
In consciousness, on the soul, or the relational

structures of language. I don't really know. Someone looks
out from the window, to see the stars growing distant
or whatever else they are doing. And thinks about

this: between the stars and the earth, he lived. Afraid
to sleep. Like a child in the evening, always seeking
a pretext. While the computer's screen saver swirls.

PSZICHÉ ÚJABB EMBLÉMÁJA

Egy újságosnál vásárolta meg.
„Színes papír a lélek", mondogatta.
Félhomály volt. Szürke utca.
A visszajárót sem számolta meg.

Így ment sokáig. Szíve dobbanása
tartotta vissza csak, meg még a fény,
hogy kinyissa szárnyát. A borító kemény,
fényes felén látszott egy lepke szárnya:

egy hangya vitte már a teste nélkül.
Az újságbeli fotót nem ismerte
senki más. Majd megnyugodott. Végül

befordult egy utcába, hol már leste
a gyilkos. Élne még, ha meg nem rémül.
„Ilyen a lélek . . ."—mondogatta csendbe'.

THE MORE RECENT EMBLEM OF PSYCHE

It was purchased at a newsstand.
Muttering, "The soul is colored paper."
Semidarkness prevailed. A gray street.
Not troubling to count the change.

And went that way for a while. Only the pounding of his heart
held him back, and yet still the brightness,
for the wings to finally open. The light shone
on the rigid cover, and there was the butterfly wing:

an ant had removed it, without the body.
No one else recognized the photo
from the paper. That was a relief. At last turning

into a narrow alley, where the murderer
lay in wait. If he doesn't panic, he might survive.
Muttering into the silence, "That's what the soul is like . . ."

From *Final Matters, Sequences, Book Three: Hasidic Sequences*

„A Megváltó akkor fog eljönni" —
mondta Reb Taub,— „ha a világ
már nem tud többé elrejtőzni
előle. A Mindenség Királya ugyanis
a Teremtésnek csak a másolatát
hozta létre. Az eredetit a Messiás
jobb szemébe rejtette el." Reb Hersele
pedig, az olaszliszkai, azt tanította:

„A Megváltó minden Sábeszkor
eljön. S megáll a szombat küszöbén.
Várja, hogy azt mondják:»Jöjj,
Vőlegény! Szép Arád, a Szombat
Királynő, mindjárt érkezik!« De a
Messiás ott áll a küszöb előtt."

"The Redeemer shall arrive,"—
Reb Taub used to say,—"when the world
will no longer be able to conceal itself
from him. The King of the Universe, that is,

brought only a copy of Creation
into existence. The original was hidden
in the Messiah's right eye." The Rabbi of Olaszliszka,
however, Reb Hershele, used to give this teaching:

"Every Shabbat the Redeemer
appears. And stands at the threshold of the Sabbath.
He awaits these words: 'Come forth,
o Bridegroom! The Radiant Bride, Queen

of the Sabbath, shall soon arrive!' And the Messiah
stands there at the threshold."

A TEGNAPRÓL EGY SZEKVENCIA

A tegnap napja úgy múlt el titokba,
Míg eltelik még néhány pillanat,
A kerti széket ott feledte volna,
Vagy tolta volna át a fák alatt;

És a tetők, amíg a fényben állnak,
S a tegnap napja benne, mint a távlat,
A kertekben az almafák alatt,
Ott átsuhan az Angyal és a Nap;

A tűznyelvek az ágakról leválnak,
És egyre hullnak, mint a gondolat,
Mint szénné égett ág a fák alatt
Egy kéz, mint érintése mirtuszágnak;

Úgy nyílt ki, és mutatta fel az égnek,
Míg egyre hulltak szívükben az almák,
Az alkonyatban, mint benzinben, égtek
Ott ketten ők, amíg az angyal lát-

Ott zuhanni le a Harmadik Mennyből
Egy fényes csillagot, amely aláhullt,
És pontosan hasonlított az Én-re,
A teremtésbe hullt csillagszemétre,

Amely a földre visszatérő gondolat
Alakját, mint Messiás, magára ölti,
Míg a tegnap olyan, mint a Szombat,
A hasonlat, amely időt feszít ki,

És távolságot két betű között,
Amíg jel és jel tere által Én-t teremt
Az Írásban Isten, hol földre száll,
És testet ölt, mely Test: emlékezet

És Pillanat, mely hideg, mint a Nap,
A Holnap Napja, mely az Örök
Szombat, két délután közötti alkonyat,
Hol Én lakik s egy másik Pillanat.

A SEQUENCE OF YESTERDAY

The day that came before today has passed
Into secrets, while a few moments go by,
The garden chair, as if forgotten,
Or pushed away beneath the trees;

While the roofs stand within the light,
Inside like a vista, is the day that was yesterday,
And in the gardens, beneath the apple trees,
The Angel and the Day slip by,

The fiery tongues from the branches fall,
Falling more and more, they fall like thought;
Like a branch charred to ash beneath the trees,
like the touch of myrtle-twig, is a hand,

Which opened now, raised up to the heavens,
Apples falling ever more in their hearts,
In the twilight, as in petrol, the two of them
Were burning there, as the angel looked and saw

There tumbling down from the Third Heaven
A luminous star, it plummeted to earth,
Exactly identical to that *I*,
Star-refuse fallen into creation,

Taking the form of a thought that returns
Like the Messiah, to the earth,
While yesterday is like the Sabbath,
The simile causing time to expand,

It forms the distance between two letters,
While between the signs, God creates
The Written *I*; it descends to earth,
taking bodily form—a Body made of memory

And the Moment, cold as the Day,
The Day of Tomorrow, the Eternal Sabbath:
The dusk between two afternoons
Where the *I* resides with another Moment.

Reb Taub, a kállói Szent azt
tanította a Sábeszről, hogy
az a Teremtés előtt is létezett.
Akkor még a Semmiség Ura

volt a Mindenható neve. Aki
Szombaton két angyalt látott
közeledni: az egyik a Van, a másik
a Nincs Angyala volt. Isten
nem tudta, hogy melyik Angyalnak
higgyen. A Nincs Angyala
azt mondta: „Semmiség Ura!
Te vagy a leghatalmasabb, mert ha
valami lenne, akkor kiszolgáltatnád
magad a létezésnek." És befogta
Isten füleit, hogy az ne hallja a Van
Angyalát. Aki azonban írni kezdett
kiterjesztett bal szárnyára ekképp:
„Mindenség Ura . . ." És amikor ezt
Isten mormolva elolvasta, *meglett*
a Mindenség, mint egy gondolat.

Isten holtfáradtan roskadt össze,
és aláhullt a Nincs Angyalába,
aki ekkor le akarta törölni az Írást.
De a Szent Sábesz megtiltotta.

Ámen.

Reb Taub, the Saint of Kálló,
taught that the Sabbath
existed even before Creation.
Then the Almighty's name

was still the Lord of Nothingness, who,
on the Sabbath, saw two angels
approaching: one was the Angel
of Being, the other, the Angel of Not. God

didn't know which Angel
to believe. The Angel of Not
said: "Lord of Nothingness!
You are the most powerful, for if

something came into being, then you
would be at the mercy of existence." And he
grabbed the Lord's ear, so he couldn't hear
the Angel of Being. Who, however, had begun

to write on its left wing outspread:
"Lord of the Universe . . ." And when God
read this aloud, muttering to himself,
the Universe, like a thought, *came into being*.

Dead tired, God collapsed
and fell below into the Angel of Not,
who wanted to erase the Inscription.
But this was forbidden by the Saint of the Sabbath.

                                        Amen.

A NÉV MEGSZENTELÉSE

Azon az estén, mikor az Igaz
elárultatott, mikor megszületett,

meghalt és eltemették, mikor
a sírban remegett a teste, és

szemhéja úgy megduzzadt,
akár egy krumpli, vagy inkább

olyan lett, mint egy megrohadt
paradicsom, amely ránehezedett

a szemgolyóra, amitől aztán
alig látta a wormsi bölcs a kereszt-

teseket, mikor kínzói elfáradtak,
és a rabboni feje félrebillent,

azon az estén, mikor az Ártatlant
elárulták, és a halálra szántak gyerekeit

tizenhat éves kor alatt csupán csak
hulladékként kezelték, akárcsak

az öregeket, a betegeket, a hibásokat,
és a hívek nélküli Isten nevét nem

ejtették ki, azon az estén, mikor
az igazakat megvetették, akkor

a Három eggyé lett, az Atya-,
a Fiú- és az Anyalélek a tűzben és

füstté a kéményekben, amikor Otto
Moll tökéletesítette a gödörben-

égetés technikáját a fortyogó, újra-
hasznosítható zsír elvezetésével.

THE SANCTIFICATION OF THE NAME

On that evening when the Righteous One
was betrayed—was born,

died and laid to rest, when
in the grave the body trembled and

the eyelid swelled up as if
it were a potato, or rather

it became like a piece of rotting
fruit, weighing heavily down

upon the eyeball, from which then the Sage
of Worms could hardly see the crusading

bearers of the cross; when his torturers grew weary,
and the rabboni's head drooped to one side,

on that evening when the Innocent was betrayed
and all his children under age sixteen

condemned to death were processed
as waste material, along with

the elderly, the sick, the defective,
and the name of God, who has no

congregation, was not spoken, on that evening
when the righteous were scorned

and in the fire the Three became one,
the Spirit of the Father, the Son, and the Mother

became smoke in the chimneys, when Otto
Moll perfected his technique of using

ditch-cremation for the separation
of the crackling, reusable fat.

Azt mondta Taub Eizik rebbe,
hogy az Írás már készen volt
a Teremtés előtt. A Végtelen

nem a szó hatására vált anyaggá.
A *legyen* ige előtt már régen
ott volt. Mielőtt így szólt Isten:

„Legyen a Végtelen!"—felírta
az első betűt a Semmibe: Alef.
De úgy látta, hogy a Végtelen

kiejtve végeérhetetlen, mint a
kiáltás és oly halk, mint a sóhaj.
A hang és a döbbenet között

Isten egy pillanatra, amely
örökkévaló, elhallgatott. „A
Végtelen nem örökkévaló:

az én vagyok!"—mormolta
lassan, örökké valóan. Ezt a
pillanatot használta ki a Végtelen,

hogy a teremtés végül is legyen.
De Isten még előbb felírta a Beth
betűt, a Ház jelét a Semmire,

mint egy ablakot. Megtörölte, hogy
jobban kilásson. És látta, hogy már
minden végtelen. Ugyanis a

legyen ige eközben elkészített egy
másik Végtelent. De előbb még
a Beth megteremtette a Sabbatot.

Rebbe Isaac Taub used to say
that Writing existed before Creation
even. The Infinite didn't become

material due to the force of the word.
It was there already, long before the words
let there be. Before God had spoken:

"Let there be Infinity!" he inscribed
the first letter onto the Void: Alef.
But then he saw, pronouncing Infinity,

that like a scream it had no end,
that it was as hushed as a sigh.
In that moment, between sound

and terror, which lasted
for all eternity, God fell silent.
"The Infinite is not eternal:

only I am!" he muttered to himself
slowly, eternally. And the Infinite
put that moment to good use,

so that at last there would be the Creation.
But God had already inscribed the letter
Bet, emblem of House, onto the Void,

as if a window. He wiped it off, to look
through it better. And saw that everything
had become infinite. That is to say, the words

let there be had already prepared
a second Infinity. But even before that,
the letter Bet had created the Sabbath.

Hallgatta Reb Teitelbaum Reb
Taubot. És amikor ő mesélte el,
már ekképpen szólt a tanítása:
„Amikor Isten megteremtette az első
embert, csak árnyékot teremtett
neki. Az Árnyék azonban akkor még
maga volt a világban látható Fény.
Nem volt nappal és nem volt éj,

az ember csak állt ott. És Isten
nem értette, hogy miért álldogál.
Keresett akkor neki testet is,

hogy le tudjon pihenni. És amikor
az Árnyék elfáradt, találkozott a Testtel.
Ekkor keletkezett az anyag világa."

Reb Teitelbaum listened to Reb
Taub. And when he told the parable,
the teaching went like this:
"When God created the first human

being, he created only a shadow
for it. The Shadow, however, was itself
that Light visible in the world.
There was no day and no night,

and the human being just stood there. God didn't
understand why it was just standing
around. So He got him a body to go with it,

so he could rest. And when
the Shadow grew tired, it met up with the Body.
And that is how the material world came into being."

Hersele Rabbi ekképp mondta tovább
Mestere tanítását: „Isten először az *ént*
teremtette meg. Gondosan ügyelt arra,
hogy ne legyen azonos azzal, aki mondja:

vagyis Istennel magával. Ez annyira
nehéznek bizonyult, hogy minden
erejét meg kellett feszítenie. Közben
azt mondogatta:»Nem én! Nem én!«

Így alkotta meg a Lelket és a Testet.
A Lélek azonban túl nagyra sikerült,
és rá kellett parancsolni, hogy menjen

be a Testbe. Amikor már bent volt, Isten
lepecsételte a száját az *Énnel*, hogy ne
jöhessen ki. Csak ha Isten mondja: »*Én.*«"

Rabbi Hershele related the teaching
of his Master like this: "In the beginning, God
created the *I*. He took pains to ensure it
would not be identical with the one who speaks:

that is, with God Himself. And this turned out
to be so hard that God had to expend
his full strength. All the while
muttering to himself: 'Not I! Not I!'

That is how He created the Body and the Soul.
The Soul, however, turned out too big,
and God had to order it back

into the Body. When it was back in, God
sealed its mouth with the *I*, so it couldn't
get out. Only if God says '*I*.' "

Reb Taub még hozzáfűzte, hogy
a világ tele van Testekkel, amelyek
a Lelkük nélkül bolyonganak,

és Lelkekkel, amelyek a Teremtés
napján elvesztették a Testüket, mert
Isten elgyengült az erőfeszítéstől,

és a gyengeségéből lett a Halál, aki nem
test és nem lélek, míg el nem jön
a Messiás, hogy megszabadítsa őket. Ezért

várják a keresztények Krisztus
visszatértét, mi pedig a Messiást.
Ezért mozog a világban minden, hogy

egyesüljön végre, ami Egyetlenegy.
De a Megváltó csak Szombaton jöhet el,
mert ők egyek voltak a Teremtés előtt.

Reb Taub then added that
the world is filled with Bodies,
wandering around without their Souls,

and with Souls, whose Bodies
got lost on the Day of Creation, because
God was worn out from the effort,

and from this weakness came Death, who is
neither body nor soul, until the Messiah
comes to liberate them. That is why

Christians await the return of
their Christ; and we wait for the Messiah.
That's why everything in the world is moving,

so all that is One may finally again be One.
But the Redeemer can appear on the Sabbath alone,
because they were One, before the Creation.

TAUB EIZIK SZEKVENCIÁJA

Mikor a kállói rabbi
a mezőn sétálgatott,
a Messiás, mint egy madár,
éppen arra járhatott.

Sose láttál gyönyörűbbet:
csőre arany, szeme gyöngy!
Úgy sétálgatott a fűben,
lábához nem ért göröngy.

Vele volt egy kicsi bojtár,
aki énekelt neki.
Úgy nézett ki, mint Akárki.
Mint, aki Őt kergeti.

Pedig Dávid volt az éppen,
Jeruzsálem királya.
Ő énekelt a madárról,
aki Krisztus Hiánya.

„Mikor lesz, hogy az a madár
föltámad a Halára,
aki köztünk sohasem jár,
száll hajnal hasadtára?"

„Zöld erdőben, sík mezőben
egyedül vagy, te rabbi!
Ha megveszed ezt a nótát,
nem kell neked meghalni!"

Megállt akkor a kállói
csodatévő szent ember,
Dávidtól pénzen megvette
amiről az énekel.

Ha a rabbi nem énekelt,
a madár szomorkodott.
Sárga lába, zöld a szárnya.
Megállt. Sírt. És hallgatott.

THE SEQUENCE OF ISAAC TAUB

When the rabbi of Kálló
strolled across the field
The Messiah appeared
in the form of a bird.

Nothing more wondrous had ever been seen:
the golden beak, the eye of pearl!
He strolled in the grass,
his foot untouched by loamy earth.

With him was a shepherd boy
who sang to him a song.
He looked as if—he could be Anyone.
Come to hunt Him down,

But the little boy was David,
the boy was Jerusalem's king.
He sang a song about the bird,
who is Christ's Absence.

"When will it be that the bird will rise,
upon his death rise up again,
Who never walks within our midst
but at the break of dawn ascends?

In the green forest, on smooth meadows,
o Rabbi, you are alone!
But you will never have to die
if—from me—you buy this song!"

Then the Saint of Kálló,
the holy man, stood still.
With coins he bought from David
all he sang about.

If the rabbi didn't sing,
the bird sank into gloom.
His leg was yellow, his wing green.
He stopped and wept. Went mute.

„Mikor lesz az? Mikor lesz az?"
Szól a kakas valahol.
Az a madár sose száll el,
csak, aki róla dalol.

"When will it be? When will it be?"
Somewhere the rooster cries.
Never shall that bird ascend.
Just he who sings those words.

„Az Első Ádám kitöltötte a Mindenséget,
ezért Istennek el kellett menekülnie
a Paradicsomkertből. Egy távoli résben
húzta meg magát. Önmaga és Ádám

között ürességet hagyott, amelyből meg-
született a Történelem. Ezen a szakadékon
nem tud átkelni többé a haldokló Isten, és
az angyalai is beleszédülnek"—mondta

Reb Teitelbaum. „Amikor az Égi Ádám
gőgjében meg akarta ölni Istent, ide zuhant
alá. Csak a szíve ért földet. Ebből sarjadt ki
a Gólem, mikor a Magányos könnyei öntözték.

Mert szenvedésében lélekké vált. És azóta
keresi a Második Ádámot, aki csillagként
hull lejjebb és lejjebb"—így Reb Taub.

"The First Adam replenished the Universe,
and that's why God had to flee
from Eden. He withdrew
into a crevice far away. Left an empty

space between himself and Adam,
from which History was born. In his death-throes
God can no longer cross this chasm,
and even his angels grow dizzy"—said

Reb Teitelbaum. "When the Heavenly Adam in his pride
wanted to kill the Lord, he plunged down
to earth. His heart alone touched the ground. Watered
by the tears of the Solitary One, the Golem emerged.

In his suffering, he had become a soul. Since then
he searches for the Second Adam, who falls
like a star, ever lower and lower"—said Reb Taub.

„Amikor Káin hirtelen dühében lesújtott
Ábelre, Isten nem fogta meg a kezét"—így
tanította Taub Eizik—„ugyanis épp

Sábesz volt. Amikor elmúlt Káin első
haragja, és meglátta Ábel összetört arcát,
kifordult szemében a bárány szelídségét,

elővette kését. Hajánál fogva feszítette hátra
Ábel fejét, majd átmetszette a torkát. A vér
sugárban ömlött, majd lassan csordogált

a tálba, melyet Káin a lábával rugdosott oda.
A kés pengéjét végül Ábel hajába törölte.
Isten azonban nem csukta be a szemét, mert

épp a Szent Sábesz volt. Aztán Káin kivágta
Ábel hátából a színhúst, lefejtve a lapocka-
csontról. És a legízletesebb részeket az oltárra

vetette. A tálból vért hintett kelet felé, ahol
az Édenkertben Isten nem tudott moccanni
sem, mivel épp Szombat volt. A vérrel megkente

a száját is Káin. És a Jó és a Rossz Angyal állt
a Szombat két oldalán." Reb Hersele hozzáfűzte
még, hogy „Isten azért nem mozdulhatott meg,

mert a Messiás Dicsősége állt mögötte, hiszen
épp Sábesz volt. Ugyanis az Úr ekként takarta
el a Messiás szeme elől a Bűnt. Mert ekkor

még korai lett volna, ha eljöjj a Megváltó. Hisz
épp Szombat délután volt." A Rossz Angyal
mondta: „Így lesz mindig." És rá a Jó: „Ámen."

"When Cain in his sudden rage struck Abel
down, God didn't stay his hand"—so
taught Isaac Taub—"namely, it was the Sabbath

just then. When Cain's first anger passed,
and he saw Abel's shattered face,
the lamb-like meekness in his upturned eyes,

he took out his knife. Grabbed Abel's hair and,
pulling his head backward, slashed his throat.
The blood gushed in streams, then slowly trickled

into the basin Cain had shoved there with his foot.
He wiped the blade on Abel's hair.
God, however, did not close his eyes,

for it was Holy Sabbath Day. Cain cut the flesh
from Abel's back, peeling it off from
the shoulder blades. He flung the tastiest bits

onto the altar. From the basin, he sprinkled blood to the east,
where God in the Garden of Eden couldn't move,
for it was the Sabbath. Cain smeared his mouth

with the blood. The Angels of Good and Evil
stood on either side of the Sabbath." Reb Hershele
commented: "God could not move because

the Glory of the Messiah stood right behind him,
it being Shabbat. In this way the Lord
concealed the Crime from the Messiah's eyes. It was

too early for the Redeemer to come, for it was
Shabbat afternoon." The Angel of Evil
said: "So it shall be, forever." And the Angel of Good added: "Amen."

Egy Széder este az engesztelésről
beszélgettek. Hosszú hallgatás után
azt mondta Reb Teitelbaum,

hogy Káin sokáig tervezgette
a gyilkosságot. Nem hirtelen,
indulatból követte el. És azért

tette Szombaton, mert a Teremtést
akarta megszentségteleníteni. És
azt kívánta ezzel bebizonyítani,

hogy Istennek nincs az ember
felett hatalma, hisz az életet
bárki elveheti. Káin a baltával

először a Sabbatra sújtott le.
Aztán egyre nagyobb erővel
ütött, míg szétverte Ábel

koponyáját. Már felismerhetetlen
volt, amikor abbahagyta. Mire
végzett, éjfél utánra járt az

idő. Az égbolt hideg volt, és
a csillagok fényesen ragyogtak.
A menekülő Sábeszt kísérték el.

One Seder evening, the rabbis were
discussing atonement. After a long silence,
Reb Teitelbaum commented

that Cain had been plotting to kill
Abel for a long time. He didn't slay him
from sudden passion. The murder took place

on the Sabbath, because Cain wanted
to desecrate all of Creation. And
with this murder he could prove

that the Lord has no power
over human beings, because anyone
can take a life. Cain struck the Sabbath

first, with his axe. Then he beat
Abel's skull, his blows
ever heavier, until it broke apart

in pieces. When he stopped, you couldn't
tell it was Abel anymore. Midnight had already
passed, when Cain laid down his axe.

Cold were the vaults of Heaven,
the stars shone bright in the sky.
They went with the Sabbath as it fled.

Aznap sehogyan sem akart eljönni
a Szombat. Pedig ugyanúgy várták
a faluban. Kifényesítették az ón
gyertyatartókat. A gyertyákat már

odakészítették az ablak alá. Eddig
az elhamvadó nap fénye lobbantotta
fel kanócukat minden Sábeszkor.
De most nem történt meg. Feszülten

figyelték a Fény Birodalmának
visszahúzódását. Csak az útszéli
lapulevelek, bodzabokrok alatt
bujkált valami. A templomszolga

kétszer is kiment a falu végére
megnézni az ég alját, amelyet
eltakart a nyárfasor. De mégsem
akart este lenni. Hiába főtt meg

a sólet. Mindhiába csillogtak
a poharak az asztalon, mint tört
vér a butéliában a fűszeres bor.
Csak a Bolond tudta a *miért*et.

The Sabbath didn't want to arrive
that day. But in the village, the people
waited, as always, for it to come. They burnished
the pewter candlesticks, placed the candles

below the windows. Until then, every
Sabbath, the ashes of the waning light
touched the candle wicks and sparked them into flame.
But not today. Tensely, the villagers

observed the withdrawal of the Realm
of Light. Only beneath the leaves
of the roadside burdock, beneath the elderberry bushes,
did something lie in wait. The temple attendant

walked twice to the end of the village
to look at the low heavens, veiled by the row
of poplar trees. But evening
didn't want to arrive. The cholent had been

baked in vain. The glasses sparkled
on the table for naught, the aromatic
wine in the bottles like crushed blood.
Only the Fool knew *Why*.

Mért oly különös ez az este?—
Kérdezte Otto Moll Oberschar-
Führer, és miközben kereste

A magyarázatot. Délről szellő
Kélt a lengyel síkságon, és az
Alkony rózsaszínbe játszott a

Kémények fölött, és nem tudni
Honnan, friss, tavaszi föld illata
Szállt, elnyomva a kémények

Fullasztó szagát. Vajon miért
Oly különös ez az este, kérdezte
Magában Otto Moll másodszor

Is, amíg nézte az előtte elvonuló,
Hol jobbra, hol balra utasított
Embereket. Miért érzem, hogy

Itt van Isten, ha egyszer nem is
Lehet? De akkor miért másabb ez
Az este? Ha az okok és okozatok

Láncolata volna Izrael története,
Akkor én, Otto Moll, ki vagyok
Benne? De ha ez Egyiptom, akkor

Szabadulás csak az ég felé nyílik,
Gondolta. Miközben az ég alja
Tűzben állt, a lemenő nap fényétől

Vöröslött, mint az a tenger,
Amely elnyelte a fáraó katonáit
És harci kocsijait. „Egy gödölye,

Egy gödölye . . .", mormolta
Egy gyerek, és szorította a mammele
Kezét a kemencék felé menet.

Why is this night different from all other nights?—
Otto Moll, Oberscharführer, asked himself,
and searched for the answer.

From the south a breeze arose
on the Polish plain, and drifted into
the rose colors of twilight above

the chimneys, the fragrance
of fresh springtime earth. One didn't know
where it came from, ascended, blotting out the chimneys'

choking stench. Why is this night
different from any other night,
asked Otto Moll within himself

for the second time, as he watched the rows
of people filing before him, sent to the right
or to the left. Why do I feel that

God is here, even if I know
that's impossible? But then why is this night
so different? If the history of Israel is

the succession of cause and effect,
then who am I, Otto Moll,
within it? If this is Egypt, then

emancipation only reaches up to the sky,
he thought. The heavens' lower depths
stood in fire, and from the light of the setting sun

turned crimson, like that Sea
which swallowed up the Pharaoh's soldiers
and his chariots of war. "A little goat,"

mumbled a small child, "a little goat,"
and squeezed the hand of his Mammele
as they walked toward the ovens.

„A gyilkosságnak csak látszólag
következménye a halál"—tanította
Reb Taub—, „hiszen az maga
a befejezetlenség. Egy gyilkosság

sosincs lezárva." „Ahogy elkezdve
sincs"—egészítette ki Reb Teitelbaum—
„mivel állandóan folyamatban van,
ezért örök." Reb Hersele még hozzá-

fűzte: „Isten szenvedése vezetett a
a Teremtéshez, amely a befejezetlenségből
származik. Isten ugyanis elküldte

Angyalát, hogy pusztítsa el a Leviáthánt.

Amikor Mikhaél erejének dárdája átjárta
a szörnyeteg szívét, akkor jött el az Idő."

"Death is only the seeming consequence
of murder"—so went the teaching
of Reb Taub—"for it is in and of itself
incompletion. Murder is never

finished." "Just as it is never
begun"—Reb Teitelbaum completed
the thought—"for it is continually
in process, and therefore eternal." Reb Herschele

then added: "The suffering of God led
to the Creation, which originates
from incompletion. Namely,
God sent forth

his Angel to destroy Leviathan.
When the valor of Michael's spear pierced
the monster's heart, Time came into Being."

„Az ember élete ugyanis egyetlen
fohász, amely Isten fülét keresi. A
félbehagyott ima kering a Létezésben,
és újraszüli azt, aki nem tudta

befejezni. Isten ezért van fájdalmakkal
tele, melyek miatt nem képes figyelni
a félig elmondott imákra. És aki
nem mondja végig, annak újra kell

kezdenie. A befejezett imák ugyanis
a Nemlétbe tartanak, Isten trónusához."
„Az Idő azóta a Messiás érkezésére

vár. Ugyanis nincs benne ismétlődés.
A végig nem mondott ima pedig az Idő
be nem teljesülése. Olyan, mint a Végtelen."

"Namely, a human life is but a single whispered
supplication, searching for God's ear.
The interrupted prayer circles around
in Existence, giving rebirth to the one

who couldn't complete the prayer. So God
is full of aches and pains, and can't attend
to the half-uttered prayers. Whoever doesn't
recite the prayer to the end must start

again from the beginning. Namely, completed Prayers end up
in Non-Existence, before the Throne of God."
"Since then, Time has been waiting for the Messiah.

In other words, it has no repetition.
The unfinished prayer is the incompletion
of Time—identical to Infinity."

Amikor a kállói haszidok
napok óta tolongtak a vagonokban,
és már nem voltak sem dühösek,

és már nem is sírtak, csak
imádkoztak, majd fáradtan
mormoltak, a rabbijuk ima

közben egyszer csak felkiáltott.
Aztán elájult. Amikor magához
tért, azt mondta, egy vékony,

szakállas alak jelent meg neki.
Erősen torkon ragadta, és azt
súgta a fülébe, hogy szent a hely,

ahol majd újra megjelenik neki.
Egy nap a vonat megállt. Hosszú
rámpán vonultak, a halálosan el-

csigázott csapatban ott lépdelt az
Öreg, aki látta még a Szentet, és
a kállói haszidok tudták, hogy

mellette ott vonult Ő. Eckardt
Unterscharführer magyarul
szólt hozzájuk, mintha otthon

volnának. Majd a szelektálást
végző tiszt előtt bal felé tért el
övéivel Taub Eizik, a Szent.

When the Hasidim of Kálló had for days
been crowding in the wagons,
and were angry no longer,

and didn't lament, only prayed,
and then, exhausted, only mumbled,
their rabbi, in the middle of a prayer,

cried out. And fainted.
When he came back to consciousness
he said that a thin, bearded figure

had appeared to him. He grabbed him
firmly by the throat and whispered
into his ear—hallowed was the ground

where he would appear to him again.
One day the train stopped. Everyone
proceeded down a long ramp, and,

amidst the contingent, weary unto death, the Elder
who had seen the Holy Man slowly trudged,
and the Hasidim of Kálló knew that He

walked beside them. Unterscharführer
Eckardt spoke to them in Hungarian,
as if they were still back at home.

Then, in front of the officer in charge
of the Selektion, walking off to the left,
with his own people, was Isaac Taub, the Saint.

ZMIROT-DAL

Ott, ahol a nap lenyugszik,
míg a testünk összecsuklik
várunk a halálvonatra,
arra nézünk el: nyugatra.
    Jer, fogadjuk jó barát,
        Szombatot, a szép arát.

Oda, ahonnan Ő eljön;
s dicsősége, mint a felhőn
csillanó arany szegély:
káprázat, mint volt az *én*.
    Jer, köszöntsük jó barát,
        Szombatot, a szép arát.

Míg a füstben eltemetve,
szállunk délre és keletre,
mindenütt, hol szél forog:
Messiás, ránk várakozz!
    Jer, kísérjük jó barát,
        Szombatot, a szép arát.

Benn a tűzben él a lélek,
bár a testtel ott elégek,
mert az Isten halk szavú:
az Írásra szórt hamu.
    Jer, sirassuk jó barát,
        Szombatot a szép arát.

Ő is eljön. Lámpa fénye
rebben a kemenceszélre,
s száll a kéményen huzat:
benne Isten ott múlat.
    Jer, eresszük jó barát,
        Szombatot a szép arát.

ZEMIROT

There, where now the sun rests,
while our bodies lie prostrate
as we await the train of Death
and we look upon the West—
    Come, my friend, let us receive
        The radiant bride, the Sabbath Queen.

There from where She will appear
her glory, writ upon the clouds—
the flashing golden confine
a mere illusion, as was *I*.
    Come, my friend, let us greet
        The radiant bride, the Sabbath Queen.

Buried within the smoke we lie
as to the east and south we rise,
everywhere the breeze shall go,
Messiah, wait for us above!
    Come, my friend, escort with me
        The radiant bride, the Sabbath Queen.

The soul resides within the fire,
though with the body I'm burning there,
for the Lord's voice is low:
upon the Scripture, ashes strewn.
    Come, my friend, let us weep,
        The radiant bride, the Sabbath Queen.

She too arrives. The lamplight's gleam
trembles on the oven's rim,
through the chimney, air is drawn:
where God abides within.
    Come, my friend, let her proceed,
        The radiant bride, the Sabbath Queen.

From *To the Body: Odes and Legends*

A MINDEN

Minden Isten kezében
van olyan hogy minden
Isten van a kezében
és nincsen semmi ingyen

A szőr a bőr a hús alatt
a csontozat a váza
van Isten itt a kezében
és benne van a háza

A test amely a félelem
az Isten van a testben
avagy csupán a kesztyű az
és ott lakik Istenben

A félelem a kesztyűben
lakik az istenekben
a báb amelyikből kikel
és Isten ismeretlen

Majd kesztyűt ölt magára fel
míg mozognak az ujjak
az Istenbe a csontozat
s a félelmekbe bújnak?

EVERYTHING

Everything is in God's hands
    there is such a thing as everything
God is there in its hands
    and nothing is for free

Bristles, skin, beneath the flesh
    the skeleton, the frame—
God is here within its hands
    and within, the House of God;

The body, which is fear
    itself, is God within the body,
or is but a mere glove
    and there resides in God—

The fear that is within the glove,
    resides within the gods,
the puppet that shall arise from there
    and God is unknown

Starts to pull the glove on,
    while the fingers move;
does the skeleton hide in God
    while they hide, cloaked in fear?

A KŐTÁBLÁRA

Velem nem történt semmi dráma. Az orvosnő
kedves volt. Gyorsan kerültem át túlra, a
gyermektelenség oldalára. Az állapottalanságba.
Végül is nem nagy ügy, semmi rendkívüli
nem történt, ezt mondogattam magamba.
Majd hamar túlteszem magam rajta. Így ballagtam
haza, ezt mondogatva. Csak a nagyszüleim,
ők neveltek, csak meg ne tudja. Erős vagyok,
legyűröm ezt is majd. Nincs probléma.
De este már lázas voltam, mire szobatársaim
megjöttek. A lázamat lenyomták. Húszéves
voltam akkor. Táncosnő. A párom is megjött
hamar este. Túlerőltettem magam, maradjak
ágyba, mondta a doktornő. A gyereket vállalta,
de ő zenész volt és éretlen még családra.
Majd lapátol szenet, mondta. Ez jól esett.
Naptárral védekeztünk. Lehetett, mert nekem
pontosan jött. De mi voltunk szenvedélyesek,
három óránál tovább egyikünk sem állta. Őrült
nagy volt a dilemma. Napokig tépelődtem,
óránként gondolva másra. A *nem*ről a *talán*ra.
Az *igen* helyett a *hátha*. Túl nagy súly volt ez,
dönteni életre-halálra. A *nem* győzött, de
nem akartam átélni. Hiszen a nagynéném orvos,
felhívtam őt, hogy nincs-e ötlete. Kiabált
velem, hogy milyen aljas dolog. Hogy gyilkos
vagyok. De értse meg ... Ő csak mutogatott
a kőtáblára ... Felnőtt nő vagyok már, van egy
gyerekem, rengeteg barátnőm. Nincs nagyobb
bűn, mint az élet kioltása. A magzat elvételét
mindenki súlyos bűnnek kiáltja. Ugyanakkor
az anyaságot semmire se tartja. Ki tud ma
büszke lenni az anyaságra, ha körülnéz,
és maga körül az arcokat vizsgálja? Vagy
sajátját, a tükörbe pillantva? És mi történik,
ha mégis az történik meg velünk? Halála?

THE STONE TABLET

In my case, there was no drama. The lady doctor
was very nice. I made my way quickly to the other side
of being not pregnant again. Of being without child.
It's not such a big deal, nothing extraordinary
has happened, I kept repeating to myself.
I'll get over it quickly. I slowly made my way
home, saying the words over and over. Just don't let my
grandparents find out, they raised me. I'm strong,
I can overcome this. No problem.
But by the time my roommates got back that evening
I had a high fever. They gave me something to bring it down. I was
twenty years old. A dancer. My boyfriend came over
straight away. I'd overexerted myself, you need
bed rest, said the lady doctor. He wanted to take responsibility,
but he was a musician, not yet ready for a family.
I'll even go shovel coal, he said. That pleased me.
We used the rhythm method. We could, because
I was so regular. But we were passionate,
we couldn't go more than three hours without it. It was
an impossible dilemma. I brooded for days on end,
always arriving at a different solution. From *no* to *maybe*.
To *what if*, instead of *yes*. It was too great a burden,
this decision of life and death. *No* won out in the end, but
I didn't want to live through it. My aunt was a doctor,
I called her to see if she had any ideas. She began to shout
at me that it was sordid. That I was a murderess. Please
try to understand. . . . She just pointed
at the stone tablet. . . . I'm a grown woman now, I have a
child, lots of girlfriends. There is no greater
sin than taking a life. Everyone screams that
aborting an embryo is a grave sin. At the same time
no one has any esteem for motherhood. Who, looking around today,
could be proud of motherhood,
examining the faces that one sees? Or
one's own, looking into the mirror? And what then,
if it happens to us again? Death?

A MATYÓHÍMZÉS

A matyóhímzéses terítő közepére tett tálcán volt
a fecskendő. És hallgatás körötte. Az én apukám
édesanyámra tekintett, ő pedig rá vissza. Lassan,
vontatottan beszélni kezdte. Szokatlan remegés
fogott el erre. A *végzet* szót, emlékszem, emlegette,
meg hogy ha injekció beadásához hozzájárulok,
akkor mindannyian elalszunk. Együtt maradunk,
mindörökre. És nem vár ránk a bizonytalan a meg-
alázó reménytelenségbe. Bennem azonban tizenöt
évem élni akarása azt kiáltotta „Nem!" Erre
apám megállapította: „Ha te élni akarsz, akkor
nekünk is élni kell tovább, mert nem hagyhatunk
magadra." Apám a falu körorvosa. Testvér
nélkül nőttem. A szomszédban lakott édesanyám
nővére meg a férje, két gyerek, Nelly és Gyurika.
Este azt imádkoztam „Én Istenem, jó Istenem
Lecsukódik már a szemem, De a tied nyitva, atyám,
Amíg alszom, vigyázz reám." Aztán meg „Hiszek
egy Istenben, hiszek egy hazában, Hiszek egy
isteni örök igazságban, Hiszek Magyarország fel-
támadásában. Ámen." Gyuri nem tanulhatott Pesten,
Brünnbe ment. Aztán már ott se. Akkor a család
Toulouse-ba küldte. Az én eszem nem értette. Majd
Vilmos bácsit egy cselédje hat baltacsapással megölte.
Az udvaron eszeveszetten kiabálta, „úgy kellett annak
a büdös zsidónak!" Én találtam rá, a feje szétverve.
Rohantam apámhoz, aki nem is hitte. És jöttek
szörnyűségek sorba. Nelly férjével Újvidéken
lakott. Ernő bácsi éppen borotválkozott, amikor
magyarok betörtek a lakásba. Keresték a családot.
A dada gyorsan paplant dobott a féléves Tomikára,
nem vették észre. Péterke Nellyvel volt oda. Ernő
bácsival is a Duna jegén végeztek. Nelly nem heverte ki.
Gyönyörűbbnél gyönyörűbb pulóvereket kötött, hogy
a fájdalmat ne érezze. Pestre ment szakmát tanulni,
hogy eltarthassa a gyerekeit. Így jött el negyven-
négy. Egyik tanárom március 15-én azt mondta,

THE MATYÓ EMBROIDERY

On the platter set out in the center of the Matyó-embroidered
    tablecloth
lay the syringe. And around it, silence. My father
gazed at my mother, and she back at him. Slowly,
faltering, he began to speak. I was seized
by an unusual shuddering. I recall that he used the word *fate*,
and that if I consented to the injected dose,
we could all fall asleep. We would stay together
for all time. And evade the uncertainty in mortifying
desperation. A fifteen-year-old's desire to live
cried out in me: "No!" To which
my father stated: "If you want to live, then
we too must keep on living, because we can't leave you
by yourself." My father was the village doctor. I grew up
with no siblings. My mother's sister lived next door,
with her husband and two children, Nelly and Gyurika.
In the evenings I prayed: "Merciful Lord of mine,
My eyes have closed, but thine are still open, father mine,
Watch over me as I recline." Then this: "In one God
I believe, in one homeland I believe, in the eternal
divine truth I believe, in Hungary's re-
surrection I believe. Amen." Gyuri could not study in Pest,
he went to Brünn. Later, not even there. Then the family
sent him to Toulouse. My mind could not comprehend. Then
one of uncle Vilmos's servants murdered him with six axe-blows.
He screamed crazily into the courtyard: "That's what
the stinking Jew deserved!" I found him, his head smashed open.
I ran to my father, who didn't want to believe it. And one after
the other, the horrors followed. Nelly lived in Újvidék
with her husband. Uncle Ernő was in the middle of shaving when
Hungarians broke into the flat. They were looking for the family.
The nanny quickly threw a quilt onto six-month-old Tomika,
they didn't notice him. Péterke was out with Nelly. Uncle Ernő
was executed on the ice of the Danube. Nelly did not recover.
She knitted pullovers, each more beautiful than the next, so as not
to feel the pain. She went to Pest to learn a trade,
so she could support her children. That's how it was when
1944 came. On March 15th, one of my teachers said,

„te maradj ülve", mikor az osztály a Himnuszt énekelte,
„és legyél csendbe." Tizenkilencedikén németek
vonultak be. Ekkortól kötelező volt csillag viselése.
A tisztiorvos és főispán közbenjárására apa maradhatott
volna. Nekem anyámmal menni kellett gettóba. Apám
azt mondta, „a család maradjon egybe". A búcsúzkodók
végig álltak az utcánkba. Apa fogadta őket, de már csak
a végét várta. Évtizedeket öregedett. Ekkor került
az injekció a matyóhímzéses asztalra, amiről már
beszéltem. A bevagonírozás előtt a szabad ég alatt
ültünk az éjszakába. Sublimátot ivott feleségével
a szomszéd falu orvosa. Apám gyomormosása ellenére
kiszenvedtek reggelre. Nyolcvanan voltunk a vagonba.
Egy kismama megszült útközbe. De víz nélkül apám
őket megmenteni nem tudta. Volt, aki megőrült a vonatba.
Apám tanított arra, mindig mondjam, „Ich will
arbeiten". Július hetedikén megállt vonata. Apa olvasta
táblát, Auschwitz-Birkenau, és mondta, „el vagyunk
veszve!" Hangszórók azt harsogták „a csomagokat
hagyják a szerelvénybe, majd utánuk hozzák. A betegekért
és öregekért külön kocsik jönnek, maradjanak csak ülve",
ismételték, „majd lesz minden rendbe. A férfiak a vagon
bal oldalán, a nők a jobbján szálljanak ki." Apukám
búcsúként mondta „Maradj mindig az én okos, szófogadó,
jókislányom . . ." Így váltunk el egy örökre. Tomika és Péterke
kezemet szorosan fogta, de anyám azt mondta, „csak nem
akarod elfoglalni a helyt? Mi tudunk gyalogolni. Gyere . . ."
Ötös sorokba haladtunk előre. A reflektorok fénycsóvái
vakítottak szembe. Egy német tiszt terpeszbe. Állt valahol
ott messze. Minket jobbra irányít. Vetkőzni kellett
egy terembe. Aztán áttereltek egy másikba, és a vasajtót
rácsapták reteszre. Ordítva dörömböltem egyre. Valóban
elvesztünk, értettem meg végre . . . Visszafordulva többiek
már kopaszra nyírva. Meg sem ismertem senkit.
Álltak ott, mint a birka. Testükre libabőr volt írva.

"You remain seated," while the class sang the anthem,
"and be quiet." On the nineteenth, the Germans invaded.
From then on, it was obligatory to wear the star.
Through the intervention of the medical officer and the Lord Lieutenant,
    my father
could have stayed out. I had to move to the ghetto with my mother. My
father said, "The family should stay together." All up and down
our street they stood, to bid farewell. Father acknowledged them, but
    already
he was just waiting for the end. He had aged by decades. Then the injection,
the one I already spoke of, turned up on the table with the
Matyó embroidery. We sat in the evening underneath the open sky
before being loaded onto the freight cars. The doctor from the next village
drank mercury chloride with his wife. Despite my father's stomach lavage,
they succumbed by the morning. There were eighty of us in the wagon.
An expectant mother gave birth on the way. But with no water, my father
could not save them. There were those who went mad in the freight cars.
My father taught me always to say, "Ich will
arbeiten." On the seventh of July the train stopped. Father read
the plaque, Auschwitz-Birkenau, and said, "We
are lost!" Megaphones blared, "Leave your packages
in the wagons, they will be brought to you later. Special vehicles
are coming for the sick and the elderly, just remain seated,"
they repeated, "everything will be taken care of. Men exit
the wagon to the left, women to the right." As a farewell,
my papa said, "Always be my clever, my obedient, my good
little girl. . . ." That is how we parted for eternity. Tomika and Péterke
were squeezing my hand tightly, but my mother said, "Surely you don't
want to take their place? We can walk. Come. . . ."
We moved forward in a column of five rows. The bulbs of the searchlights
blinded us. A German officer, legs wide apart, stood there
somewhere far away. Sent us to the right. Had to get undressed
in a room. Then they sent us into another one, and the iron door slammed,
bolted shut. Screaming, I pounded on it again and again. We truly
were lost, at last I understood. . . . Turning around, the others
already shaved bald. I didn't recognize anyone.
They stood there like sheep. Gooseflesh written on their skin.

A SZÜZESSÉG

Anyám apácának készült. Ezért zárdából ment
férjhez. Krisztus mennyasszonya helyett lett
anya. Tartózkodásra nevelt. Ezért a szüzességnek
nagy jelentőséget tulajdonítottam. Tizenkilenc
évesen azonban már nem tartottam. A szüzességet
és a nászéjszakát elválasztottam. Egy év múlva
megtörtént. Hamar vége lett. Nem volt szerelem.
Pestre kerültem főiskolára. Nehéz volt fiút találni
tartós együtt járásra. Egy nap odajött a leendő
férjem, találkozót kért. Nem tetszett, de nem volt
jobb. A megbeszélt helyen, ahogy kiöltözve várt,
olyan megejtő volt. Egész jóképű fiú, gondoltam. És
mivel hosszabb távú kapcsolat lett, fogamzásgátlóról
receptet szereztem. Nem akartam, hogy ismétlődjön
anyám esete. Kislánykoromban néha eltűnt egy napra.
Amikor visszajött, egyszerre láttam szomorúnak
és megkönnyebbültnek. Ezt követően néha éjjel
nyugtalanság volt. Anyám vérzett. Mentő elvitte.
Elmondta, bárhogy vigyáznak, teherbe esik. Szóval
ezt nem akartam. De valami közbejött, egy újabb
vizsgálat miatt az egész késett. És mire megkaptam
a tablettát, már meg volt a baj. Teherbe estem. Mit szól
majd anyám. Féltem. A főiskola végén jártam. Szégyelltem
volna vizsgára nagy pocakkal menni. Bár a párom
örömmel elvett volna, de nem éreztem elég biztosnak
ezt se. Elszántam magam a műtétre. Sem altatás,
sem érzéstelenítés. Hosszú hajam volt és hosszú
combom. Feküdtem a műtőasztalon, a szégyentől lobogott
az arcom. Huszonegy éves voltam. És elveszettnek
éreztem magam. Jöttek-mentek köröttem fehérköpenyes
férfiak. „Egész szép a combja." Egy másik: „És a haja."
Meg hogy: „Egész jó nő úgy egybe." A megaláztatás része
volt ez. „Lazítson, mert sose lesz gyereke"—mondta
a műtőorvos. Ez a mondat soká visszhangzott bennem.
Aztán mind elfeledtem. Folytattuk tovább. Hamar össze-
házasodtunk. Hevesen vágytam gyerekre. A leányom meg-
született egy évre. Majd a fiam két évre. A férjemmel

VIRGINITY

My mother was planning to be a nun. Because of that, she got married
straight out of the convent. Instead of the bride of Christ, she became
a mother. She raised me to be abstinent. That's why virginity
was so important to me. When I was nineteen years old, however,
I didn't care anymore. For me, virginity and my
wedding night were two separate things. It happened one year
later. And it was over immediately. There was no love.
I started college in Pest. It was hard to find a boy
to go steady with. One day my future husband came up
to me, asked me for a date. I didn't like him, but there
was nothing better. At our meeting place, where he waited for me all
dressed up, he was so charming. He's a real handsome boy, I thought. And
as it became a long-term relationship, I got a prescription
for contraceptives. I didn't want what happened to my mother
to happen to me. Sometimes she disappeared for a day,
when I was a little girl. Then, when she came back, she seemed at once
sad and relieved. And then sometimes at night,
there were worries. My mother was bleeding. An ambulance took her away.
She said that though girls use protection, they get pregnant. In other words,
this isn't what I wanted. But something happened, because of another
exam, everything was late. And by the time I got
the pill, the problems had started. I was pregnant. What would
my mother say. I was afraid. I was close to finishing college. I would have
been ashamed to go to the exams with a huge belly. Although my partner
would have been happy to marry me, that didn't seem secure
either. I resolved to have the operation. Without anesthesia
or narcotics. I had long hair and long
thighs. I lay on the operating table, my face hanging down
in shame. I was twenty-one. And felt as if
I was lost. All around me, moving around in white cloaks,
were men. "Nice thighs she's got." And another: "And that hair."
Yet another: "Altogether, a fine woman." That was
the humiliating part. "Loosen her up, or she'll never have children"—
said the surgeon. This sentence echoed for a long time afterward
in me. Then I forgot it all. We went on. Soon got married.
I desperately wanted a child. Within a year, my baby girl
was born. Two years later, my little boy. I was together

néhány évet voltunk együtt. Tíz évig egyedül. Aztán megtaláltam, akivel el tudtam képzelni együtt. Még két gyereket szültem. Így most négy van. Szerencsés vagyok. És már merek gondolni rá, a meg nem születettre, akit megöltem. Elgondolom, hány éves lenne. Néha beszélek hozzá este: „Sötét szemű kislány lennél, orrocskád környékén elszórt szeplők halvány pöttyeivel? Vagy konok fiú, vidám és kemény szemed, akár a szürkéskék kavics?" De ügyesen védekezem. Egyszer eljön a pillanat vállalni, hogy nézzen szembe, aki tette. Olykor egy pillanatra már sikerül. Nemrég levelet írtam magam összeszedve a meg nem születetthez. Itt van, nézd. Ide készítettem. Kicsit elmosódott. A könnyeim miatt. De olvasható. „Kedves kislányom. Kedves kisfiam. Nem tudom, mért nem hagytalak megszületni. Harminchárom lennél. Hol vagy most? Ma már érthetetlenek az okok. Ma már ésszerűtlen, hogy mért tettem. Lennél gyönyörű lányom vagy fiam. A lenne. Megbocsáss mindörökre. Ámen."

with my husband for a few years. Then a decade alone. Then I found
someone I could picture myself being with. I gave birth
to two more children. So now I have four. I'm lucky.
Now I can dare to think of the one who was never born,
whom I murdered. How old it would be. And sometimes
I talk to it in the evenings: "Would you be my dark-eyed little girl,
with tiny little pale freckles all around your little nose? Or would you be
my headstrong son, with merry, determined eyes like gray-blue pebbles?"
But I protected myself well. At one point, there comes the moment when
you must look at what you did. And I succeeded at this,
for a brief moment. Not too long ago I pulled myself together and wrote
a letter to the one who was not born. Here it is, look at it, I wrote it here.
It's a little smudged. Because of my tears. But it's legible.
"My dear little girl. My dear little boy. I don't know why I
didn't allow you to be born. Today you'd be thirty-three.
Where are you now? Today the reasons seem nonsensical. Today
what I did seems irrational. You'd be my wonderful little girl,
my boy. Would be. Please forgive me, for all eternity. Amen."

A HASONLÍTÁS

A rabbit pedig úgy vágták le, mint
a disznókat szokás. Andráskeresztre
feszítették a lábait. Feje a föld felé,

nemzőszerve viszont a menny
irányába mutatott. A hasat kereszt
alakban vágták fel, és kihúzták

a beleket. A hentesek részegek
voltak, és mivel nem ismerték
az élő emberi test anatómiáját,

vaktában vagdalták a húst. A bélsár
a kaszabolás miatt kiömlött,
és ráfröcskölődött az eltorzult

arcokra. Orrcimpájuk remegett. Már
nem érzékelték. A tömeg röfögve
biztatta őket, mint a disznókat.

LIKENESS

They slaughtered the rabbi the way they would
a pig. Stretched his legs
into a Saint Andrew's cross. His head facing down,

his genitals, however, pointed
upward toward heaven. They carved
his stomach in the shape of a cross,

pulled the intestines out. The butchers
were drunk, didn't know the anatomy
of a human body, so they hacked

the flesh at random. Excrement
poured from the slaughter,
splattering onto the distorted faces.

Their nostrils trembled. They no longer
sensed anything. The crowd, grunting,
urged them on, as if they were pigs.

A FELOSZTÁS

A zavart férfi az idős nő testét
napokig darabolta, és a város
különböző pontjain kukákba
dobálta. A nyomok eltüntetése
lassan halad. Egész pontosan
három napon át darabolt egy
hetvenhat éves nőt. Aztán
elindult a levágott darabokkal
a hosszú, Nyílegyenes utcán,
ahol még nem jártak sem
emberek, sem kocsik. Végre
kiért a kereszteződéshez,
és megváltásnak érezte már
a fényt, amikor a nap kibukkan
a háztetők mögül. Három
napig csak gyilkos szeszek
és öregségszag, a belek
kiomló tartalma. A test
csupa vak anyag, csupa súly,
csupa vád ... Vitte a Részleteket
a műanyag szemeteszsákban,
a hosszú csontokat. A fejet
még nem. Azt otthon tartotta,
lenyiszálva a testről. Harmadnap
vele beszélt: „Lásd, ilyen a test,
mama. Most mit érsz vele? Most
mond meg, mit értél el vele?"

DISTRIBUTION

The disturbed man chopped up the body
of the older woman for days and threw it
into garbage cans at various locations

around the city. To get rid of all the traces
is slow work. For three whole days,
he chopped the body into bits:

she was seventy-six. Then he set off,
with the chopped-up parts,
on the long Arrow-Straight Street,

where there were still no cars on the road,
no people on the sidewalks. Finally
he arrived at an intersection,

and the light, the sun emerging
from behind the roofs of the houses,
felt like redemption. For three days

there had been only alcohol,
murderous, the smell of old age, the gut's contents
spilling out. The body

is only so much blind matter, only weight,
only accusation. . . . He carried the Minutiae
in the plastic garbage bags,

he carried the long bones. But not
the head. That he kept at home,
having hacked it off. On the third day

he spoke to it: "You see, this is the body,
Mama. What can you get with it now?
Tell me, what has it gotten you now?"

A KANÁRISÁRGA

1

Tizennyolc éves voltam, amikor a Hitler Magyarországot
megszállta. Hideg volt március 19. a fűtetlen szobába.
Édesapám munkaszolgálatba, édesanyám az ablak előtt
várta, a Kontrássy utcába. A háztetők fölött német
bombázók alakzatba szállva. A Somogyi Naplót rendeletek
töltötték meg hamarjába. Három héttel később reggeliztünk,
mellettünk cserépkályha. „Egyél valamit, anyu."
„Nincsen étvágyam." „Fűtsem be a kályhát?" „Inkább
takarékoskodjunk a tüzelővel. Kellhet talán még jövőre.

2

Láttad ezt?" És a Somogyi Napló főcímét mutatja: „Dávid
csillagának első napja." Olvasom. Az újság ezt írta: „Ma,
1944. április 6-án új korszakra virradtunk. Ma reggeltől
kezdve minden 6 évesnél idősebb zsidó, valamint
a zsidótörvény szerint zsidónak minősülő kanárisárga
csillagot köteles viselni, békében és háborús időben
egyaránt. A csillagot, amelynek átmérője 9 cm, és amely
élénksárga színű bársonyból, gyapjú- vagy kartonszövetből
készült, feltűnő helyre, a ruha vagy kabát bal mellére
kell felerősíteni." El kell mennem munkába. Az egykor
barátságos házak helyén a lehúzott redőny sunyisága.

3

A Zárda utcába gyerekek mutogatnak csillagomra. Apáca
pártáját szél cibálja. Megpillantva keresztet vet, befordul
egy imába. A Kossuth téren egy toprongyos gyerek
leköp, és arcomba kiáltja. „Büdös zsidólány!" Letörlöm, de
rajtam a nyála. És befordulok a Fő utcába. Ezen a korzón én
már nem leszek dáma. Napról napra tőlünk újabb dolgokat
követelnek: zsírt, cukrot, lisztet, rizst, babot. Majd államilag
felszólítanak az arany és ezüsttárgyak beszolgáltatására.
Május 1-jén újabb rendelet: „A zsidóknak a háború céljaira
be kell szolgáltatniuk rádiókészülékeiket, írógépeiket és

CANARY YELLOW

1

I was eighteen years old when Hitler occupied Hungary.
It was cold in the unheated room on March 19th.
My father called up for forced labor, my mother waiting
in front of the window, in Kontrássy Street. Above the rooftops,
German bombers flew in formation. The Somogyi County newspaper
all at once filled up with edicts. Three weeks later
we were eating breakfast next to the tile stove. "Eat something, Mommy."
"I'm not hungry." "Should I light the stove?" "Better
to be sparing with the firewood. We might need it in the future.

2

Did you see this?" And she points to the main article in the Somogyi County
newspaper. "The first day of the Star of David." I read the article. It says:
    "Today,
April 6, 1944, a new era has dawned. From this morning onward,
every Jew aged six and older—as well as every person defined as a Jew
by law—is compelled to wear a canary-yellow star,
in times of peace as in times of war. The star, the diameter of which will be
    nine centimeters,
and which will be formed of a bright yellow velveteen, wool, or cotton
    weave,
must be fixed in a conspicuous manner to the upper-left corner
of the wearer's garment or coat." I had to go to work. In place of
the onetime friendly houses, the furtiveness of closed shutters.

3

The children in Zárda Street keep pointing at my star. The wind tugs
at the nun's veil. She glances at me and makes the sign of the cross,
turns to a prayer. At Kossuth Square a ragged child spits
at me, yells into my face. "Stinking Jewish girl!" I wipe it off,
but his spit is on me. I turn off on Fő Street. On this promenade
I won't be a lady. Each day, more things are demanded
of us: lard, sugar, flour, rice, lentils. Then the state
orders us to surrender our gold and silver objects. On May 1st,
there is a new edict: "All Jews, for the purposes of the war,
must surrender their radio sets, typewriters, and bicycles."

kerékpárjaikat." A kijárási tilalom ellenére sétáltam az
Esterházy utcába. Május 25-én történt a gettó felállítása.

4

Ekkor nagyszüleimhez költöztünk, a Berzsenyi utcába,
a 45-ös számba. Bútorokat viszik bombakárosultak javára.
Valójában a nyilasok osztozkodására. Július 2-án jött parancs.
Négy órát adtak csomagolásra: vonuljunk a zsinagógába.
És senki sem adta jelét, hogy megismerne. Mintha minket
a kanárisárga csillag láthatatlanná tett volna. A zsinagóga előtt
elszedtek mindent, csokoládét, szappant, kötött pulóvert . . .
Egy külön helyiségben női alkalmazott a nőket vizsgálta.
A hüvelyben aranyt kerestek. Az éjjel beállta előtt át-
szállítottak a városi lóistállókba. Hat ember került egy
lóállásba. Somogy megye zsidósága, ötezer ember volt itt
összezsúfolva. A gazdagabbakat a függöny mögé vitték,
módszeresen verték. A nyilasok értékeik rejtekhelyét
követelték. Közben az iparvágányon már a marhavagont
szerelték. Hetvenöt ember volt a mi vagonunkba. Egy résen
kiláttam, amikor indult. Az állomáson senki. Emlékszem,
ahogy elsuhan a KAPOSVÁR tábla. Dühöt éreztem. Soha

5

nem jövök vissza! Oxigénhiány a vagonba. Harmadnap
megérkeztünk. A nappal már váltott éjszakába. A szerelvény
lassított, csikorgás, fütty, villanyfények. „Városba értünk!"—
mondták aggódó remények. A résen át olvastam: AUSCHWITZ.
A vonat váltókon gördült át. Egy mellékvágányára. Egy
újabb táblán olvastam: AUSCHWITZ-BIRKENAU. Kinyílt az
ajtó. Reflektorfények. A nyáresti szellő furcsa szagot hozott.
„Uram Isten. Égett bőrszagot érzek. Mint amikor csirkét
perzselnek." Két egyforma kopasz, csíkos ruhás az öregeket
meglendítve kupacba dobálta. Odakerültek az őrültek is.

124

Despite the prohibition against going outside, I went
for a stroll in Esterházy Street. The ghetto was established on May 25th.

4

Then we moved in with my grandparents, Berzsenyi Street,
number 45. Furniture is carried to homes damaged by bombs.
In reality, to be divided up among the Arrow Cross. On June 2nd, the order
    came.
They gave us four hours to pack: we proceed to the synagogue.
No one gives any sign of recognizing us. As if that canary-yellow
star had made us invisible. In front of the synagogue,
they confiscated everything: chocolate, soap, knitted sweaters . . .
A female officer examined the women in a separate place.
There were looking for gold in vaginas. Before nightfall, they
moved us to the city horse stables. In one stall, there were
six people. All the Jews of Somogy County, five thousand people, were
crammed together here. The wealthier were taken behind a curtain,
where they were methodically beaten. The Arrow Cross were demanding to
    know
the secret hiding places of their treasures. In the meantime, they readied the
    cattle
cars on the industrial tracks. There were seventy-five people in our wagon. I
    watched
through a crack as it set off. There was no one at the station. I recall
that the sign for KAPOSVÁR slid by. I felt rage. I'm never

5

coming back! There was no oxygen in the wagon. We got there
on the third day. Day had turned to night. The train began
to slow down, the sounds of creaking, a whistle, electric lights. "We've come
    to a city!"—
came the worried hopeful voices. I read the name through a crack:
AUSCHWITZ.
The train rolled across the switches. Onto a side track. I read
another sign: AUSCHWITZ-BIRKENAU. The door
was opened. Floodlights. The breeze carried a strange scent.
"My God. I can sense the smell of burning flesh. Like when the chicken is
singed." Two identical bald men in striped clothes threw the old people
onto a pile with sweeping movements. The insane ended up there as well.

Rángatózott a lába és habzott a szája. Gyorsan a földre szálltunk. „A tusolóba!"—szólt egy katona. Kettévált a férfiak és nők sora. A vasúti pálya mögött ismét szelekció következett: balra a 16 év alatti és 40 fölöttiek. Nekik nem kell dolgozni. A többiek jobbra. A B/III-as lágerbe kerültünk. Nem volt másutt hely. Ez volt a Vernichtungslager. A szelekció utolsó stációja. Innen út vezetett a gázba. Kapuját Isten türelme felvigyázza.

Their legs convulsing, their mouths foaming. We were quickly on the
   ground.
"Into the showers!"—a soldier spoke. The men and women broke
up into two lines. Behind the rail tracks, again there was a selection:
anyone under sixteen or over forty went to the left. They didn't have to work.
The others went to the right. We ended up in Camp B/III. There was no
   room
anywhere else. This was the Vernichtungslager. The last station of selection.
From here, the path led to the gas. The patience of God keeps watch—over
   His gate.

A TÜRELEMHEZ

A szavak megtanítanak arra,
hogy mit lehet elviselni.

Mert mindent el lehet viselni,
ha a szavak megtanítanak,

hogy nincs olyan, ami ne
volna több, mint önmaga.

Istenben nincs semmi,
ami több volna, mint a

Forma. A várakozás elviseli
benne a szavak hiányát.

A nyelv Isten előtti, ezért
megtanít a türelemre,

még ha a türelem nem is
volna több, mint a Szóalak.

TO PATIENCE

Words give us instructions
as to what may be endured.
For all can be withstood
when the words instruct:

there is nothing that exists
more than its own self.
Within God there is nothing
that would be more than Form.

The absence of the words,
inside, endured by waiting.
Language was there before God,
so in patience it instructs,

even if patience were nothing
more than the Form of Words.

A MARGITSZIGETEN

1

A Margitszigeten ismerkedtünk meg. Zoli
katonaként ott dolgozott. Néhány év múlva
már terveztük a közös jövőt. Egyházi esküvőt
szerettünk volna. A pap azt mondta, előtte
nem hálhatunk együtt. De másnap már a magzat
is ott volt, csak akkor még nem tudtuk. Egy
babaruházati boltom volt, teljes erőbedobással
vittem. A huszonhatodik héten egy este elöntött
a vér. Valósággal ömlött, magam se hittem
volna. A mentő, mint valami hajó, vetődött
velem kórházról kórházra. Egymást váltó orvosok
sugdostak a fülembe. Az arcomra maszkot
akartak nyomni, miközben én védekeztem.

2

Inkubátoros kórházat kerestünk kétségbeesetten.
Végezetül a Baross utcai klinikán kötöttünk ki.
Istálló nagyságú szülőszobába sorban feküdtek
a nők, paravánokkal elválasztva. Akár az alvilágba
úszó bárka: elkárhozottak gyötrődő gajdolása.
A magas plafonról a felhéjasodott vakolat
készült alázuhanni. A sarkokban évtizedes
portól fekete pókhálók. Minden személytelen
volt. A testek, akár a fahasábok, feküdtek
saját fájdalmától kicsit távolabbra. Amikor e kettő
egymásra úszott, kiáltozni kezdtek. Egyszer
csak én is. Akkor odalépett egy orvos, és
a véresen kicsusszant testet felmutatta: „Fiú!"

3

„Akkor meg fog halni"—válaszoltam, mert
tudtam, ilyenkor a fiúk esélytelenebbek.
Csak néztem a parányi testet az inkubátorban
mozdulatlan. Negyvennyolc óráig élt. A tornacsarnok

ON MARGARET ISLAND

1

We got to know each other on Margaret Island. Zoli
worked there as a soldier. We'd been planning our future
for a few years already. We would have liked
a church ceremony. The priest said we couldn't
sleep together. But the next day, the embryo
was there, we just didn't know. I had
a shop that sold baby clothes, it took
all my energy. One evening in the twenty-sixth week, the blood
poured out. Really gushing. I could hardly
believe it. The ambulance like a boat, taking me
from one hospital to the next. A succession of doctors
whispered into my ear. They wanted to press the mask
onto my face. I tried to defend myself.

2

We searched desperately for a hospital with an incubator.
Finally we anchored at the Baross Street clinic.
Women lay in rows in the barnlike birthing
room, separated by folding screens. Like a vessel floating
into the underworld: the tortured murmurings of the damned.
From the high ceiling the layers of plaster
preparing to crumble down. In the corners,
spiderwebs blackened from decades of dust. Everything
was impersonal. The bodies, like logs,
lay apart from their own pain. When the two
drifted together, the screaming began. As it did
for me. A doctor then stepped over to me
and showed me the body, slippery with blood: "A boy!"

3

"Then he shall die"—I answered, because
I knew the odds are stacked against boys at times
like this. I looked at the tiny body, motionless
in the incubator. It lived for forty-eight hours. I did not stay

nagyságú kórteremben nem maradtam
a boldogan szoptató anyák között. Saját felelősségre
hazamentem. Útközben minden furcsa volt,
amit ismertem. A világ idegen lett, erre emlékszem.
Hogy minden távoli és valószerűtlen. A hiány,
hogy valami nincsen itten. Zoltánka búcsúztatásán
csak ketten voltunk. Hamvasztást és vízszórásos
temetést választottunk. A bababoltot felszámoltam.
A ruhácskákat eladtam. Nem emlékezni! Kilenc évig
teherbe sehogyan sem estem. A Meddőségi Centrumba
mentem. Nem volt könnyű, de végül sikerült.

4

Terhes lettem. Ikrek! Kezdetben semmi baj
sem volt. Lendületesen tettem-vettem. A félidőtől
azonban mozdulni is nehéz lett. Egy vizsgálatnál
azt mondták, az egyik baba mozdulatlan. Be
kellett mennem. A terhespatológia hatszobás
kórtermébe kerültem. Vasárnap hajnalba már
leállíthatatlanok voltak a fájások. Elől a halott
baba jött, ő nem segíthetett nekem. Ezért
a másik érdekében a császármetszés mellett
döntöttek. Gabriella nyolc óráig élt. De már
a kórházban elhatároztam, hogy hat hónap
múlva újra terhes leszek. Egy orvos azt mondta,
akár egy gyereklánynak, olyan kicsi a méhem. De
a sikertelen szülések is edzik, tágítják.

5

Gabriellát elhamvasztattuk, kis urnáját
Zoli hazahozta. Kértem, hogy rejtse el.
Nem akartam tudni, hova. Hat hónap múlva
spontán terhes lettem. Fél időnél most is
alámerültem. Épp a huszonhatodik héten,
mint korábban is, ismét koraszülés következett.
Sajnos az utolsó órákban a baba megfordult.
Két császármetszés elvette volna a reményt.

in the gymnasium-sized ward among
the happily nursing mothers. I went home, assuming
responsibility for my condition. On the way, everything that I knew
became strange. The world was unfamiliar, I remember that.
Everything distant and unreal. That absence,
that something is not here. Only two of us
to take leave of Zoltanka. We chose cremation,
scattering over the waters. I liquidated the baby shop.
Sold all of the tiny clothes. Not to remember!
For nine years I was not pregnant. I came to the
Infertility Center. It wasn't easy, but at last success.

4

I was pregnant. Twins! In the beginning there
were no problems. Buoyantly, I kept
myself busy. Halfway through, however,
it became hard to move. At an examination,
they said one of the babies wasn't moving. I had to go
in. I ended up in the six-room high-risk
pregnancy ward. Sunday morning at dawn
the pains could not be stopped. First the dead
baby came out, which didn't help. A C-section
was performed for the sake of the
other. Gabriella lived for eight hours. Already, though,
in the hospital I had decided that in six months
I would be pregnant again. A doctor told me,
as if speaking to a little girl, that my womb was so small. But
even unsuccessful births train it, broaden it.

5

We cremated Gabriella, Zoli brought home
the little urn. I asked him to hide it.
I didn't want to know where it was. Six months later
I was pregnant. Halfway through, again,
I went under. Exactly in the twenty-sixth week,
like before, a premature birth.
Unfortunately, in the last hours the baby turned around.
Two C-sections would have robbed me of hope.

Megszültem hát. Lábbal jött előre. De két
feltartott keze tovább nehezítette. Szilvia
két és fél hétig élt inkubátorban. Agyvérzést
kapott, a farfekvéses szülés megviselte. Egyszer,
mikor egyedül voltam, Jégcsap doktornő
foghegyről azt közölte, hogy értelmi fogyatékos lesz.

6

És hogy én vagyok, aki vele ezt tette. Zokogtam
napokig, harmadik héten szenvedését már
nem nézhettem. Amikor felhívtak a kórházból,
hogy meghalt, újabb zokogás örvényébe
merültem. A hamvasztást Zoli végeztette.
Az urna hazakerült, hogy ne legyen egyedül
Gabriella. Most már nem kellett elrejteni.
Ezt a gyászt is túléltem, pedig a bűntudat
miatt ma is visszatér néha. A harmadik
koraszülésre már tudatosan készültem.
Azt is elhatároztam, hogy császárt kérek.
Huszadik hét után a kórházban feküdtem.

7

A harmincadik héten a testemben valami
ciripelni kezdett. Jeleztem. A kórházat
megkerültem, saját szülészemet kértem.
A fájások percenként jöttek. Császárra
nem volt idő. Gyorsan a koraszülött
osztályra vitték. Krisztián születési súlya
másfél kiló. Hat hétig volt kórházban.
Amikor hazavittük, már két és felet
nyomott. Most másfél éves, láthatod,
csupa boldogság és erő. Alázat elfogadni,
hogy lehet a vesztes is nyerő. Nem
kesergek a múlton. Ez volt a sorsom.

So I gave birth. The foot came out first. But the two
hands, raised up, made it much more difficult. Szilvia
lived for two and a half weeks in an incubator. She had
a brain hemorrhage, worn down by the breech birth. When
I was alone Dr. Ice-Queen haughtily
told me that she would be mentally handicapped.

6

And that I was the one who did it to her. I sobbed
for days; by the third week I could no longer watch
her suffering. When they called me from the hospital to say
she had died, I once again sank into a maelstrom
of tears. Zoli took care of the cremation.
The urn was brought home so Gabriella wouldn't be
alone. I didn't need to hide them anymore.
I survived this grief, from time to time a guilty
conscience returns. I now consciously prepared
for the third premature birth.
I also decided that I would have a C-section.
After the twentieth week, I was hospitalized.

7

In the thirtieth week, something in my body
began to flutter. I reported it. I went to
the hospital, asked for my own doctor.
The pains were coming by the minute. No time
for a C-section. They took it quickly
to the premature deliveries ward. Krisztián's birth weight
was a kilo and a half. He was in the hospital for six weeks.
When we brought him home, he already weighed
two and a half kilos. Now he's one and a half years old, you can
see for yourself how happy and strong he is. To accept humiliation,
so that the vanquished too may prevail. I am not
bitter about the past. Such was my fate.

A BIZALOMHOZ

Agathon három éven át követ tartott
a szájában, amíg a hallgatást meg nem
tanulta. Amikor már tudott hallgatni,
úgy döntött, hogy a türelmet is meg-
tanulja. De nem volt hozzá türelme. Valaki
mindig felbosszantotta. Ha egyedül
élhetnék!—mondta. Kivonult hát
a pusztába. Messziről hordta a vizet.
Egy nap, miután a kancsót megtöltötte,
az kiborult. Ismét megtöltötte. De ismét
kiborult. Majd harmadszor fáradt
hiába. Ekkor türelme hirtelen elfogyott,
és ő is kiborult. A cserépedényt meg
összetörte. Később magába szállt és
bocsánatot kért tőle. És a kancsó meg-
bocsátott neki. És így oktatta: „Senkiben
se bízz! Nincs kártékonyabb érzés
a bizalomnál. Szülője minden indulatnak!"—

mondta a cserép. Ekkor visszatért az emberek
közé. És íme, ettől fogva bölcs volt
a megértésben, fáradhatatlan a munkában,

takarékos az ételben. „A kutyához légy
hasonló, aki ha zaklatják, kimegy." És távozott
az életből miután elunta a világ zaklatásait.

TO TRUST

Agathon held a stone in his mouth
for three years, until he learned the art
of silence. When he knew how to be quiet,

he decided that he would now study
patience. But he lacked the patience for it. Someone
was always irritating him. If only I could

live alone!—he said. So he withdrew
to the desert. He carried water from afar.
One day, while he was filling his jug,

it tipped over. He filled it again.
Again it spilled. He tried a third time,
in vain. Suddenly, his patience was gone,

and *he* was upset. He smashed his earthen
vessel. Later on, he repented,
and asked it for forgiveness. And the jug

forgave him. And instructed him: "Have
faith in no one! There is no feeling more injurious
than trust. It is the begetter of every passion!"—

spoke the earthenware. Agathon then returned
to the world of people. And lo and behold, from then on
he was wise in comprehension, tireless in his work,

sparing with food. "Be as the dog,
who leaves when he is pestered." And so he left,
when he had grown weary of the world's vexations.

AZ OXIGÉNHIÁNY

1

Tizenhárom éves koromig mindig
csak meghalni akartam. Amikor az apám
elhagyott bennünket, négyéves voltam.
Anyám idegenvezető. Csinos, szép és okos
nő volt, több nyelven beszélő. Majd
szállodaigazgató. Rengeteget ivott,
és mindig csak töményt. Neki sem volt
könnyű: Az apja nevelte fel hegedű
és pálinkakészítésből. Az anyám
részegen nem tudta, mit csinál. Ütött-vert,
csomókban tépte a hajam. Éjjel ráncigált
ki az ágyamból, késsel kergetett. Féltem
tőle és gyűlöltem. De senki sem segített.

2

Tizenhárom lehettem, amikor egyszerre
megbetegedtem. Magas lázban,
öntudatlanul feküdtem. És váratlanul
egy nagy, puha, tojásszerű valamit
láttam. Majd a belsejébe kerültem,
és ott szemlélődtem. Ekkor békesség
és nyugalom áradt el bennem. Magába
ölelt, és egyszerre megértettem, mintha
időtlen volna minden. Ébredve elfelejtettem,
de a felismerés megváltoztatta életem.
Anyám többé nem ütött meg. Az általános
iskola után középiskolai kollégiumba
kerültem. Magányos voltam. Éjszakánként
a szobában ültem és rajzoltam. A pasztell-
krétát szerettem. A színek, a kezem
alatt, mint a tűz, életre keltek. Hétvégeken
meglátogattam anyám. Feküdt a padlón
a hullarészeg. A halálát is ez okozta, meg

ANOXIA

1

Until I was thirteen years old
all I wanted to do was die. When my father
abandoned us, I was four.
My mother was an attractive, clever woman,
a tourist guide who spoke several languages. Then
a hotel manager. She drank heavily,
and only hard liquor at that. It wasn't easy
for her: she was raised by her father, who
supported her by distilling spirits and making violins. My mother
didn't know what she was doing when she was drunk.
She beat me, pummeled me,
ripped out my hair in chunks. At midnight,
she dragged me out of bed, chased me with a knife.
I feared and hated her. But there was no one to help.

2

I might have been around thirteen when suddenly
I fell ill. I lay in a high fever,
unconscious. And suddenly
I saw something large and soft,
like an egg. Then I was inside it,
and there I remained, contemplating. Peace
and tranquility flowed through me. It held
me in its embrace, and suddenly I understood, as if
everything was eternal. As I awoke, I forgot
my vision, but my life changed.
My mother no longer beat me. After finishing
primary school, I was accepted
into boarding school. I was a loner. In the evenings
I sat in my room and drew. I liked drawing
with pastel crayons. The colors came
to life under my hands like fire. On the weekends
I visited my mother. She lay dead drunk
on the floor. That could have been the cause of death,

talán a cigaretta vagy öngyulladás. Én akkor
a portán voltam, amikor a szolgálati
lakás kigyulladt. Berohantam a tűzbe.
A hajam leégett. Hallottam, ahogy hörög,
de megfulladt. A rokonok segítettek.

3

Főiskolára mentem. Mellette dolgoztam
is. Voltak fiúk néha. Csak csókolózás,
semmi több. A férjem volt az első. A
szeretete lepett meg. Korábban engem
csak vertek vagy elviseltek. Egyszer
véletlen várandós lettem, és muszáj volt,
mert mondták, vállalni. Én annyira
vigyáztam, mindig csak vártam.
Óvtam, így összegörnyedve, mint
akit vernek, és védi a testét, úgy védtem
szegénykét. A kitolási szakaszban
azonban elszálltam. Láttam magam
kívülről, mint aki halott. A fejét,
ahogy beszorult. Az orvos gyorsan
kivette, de már lila volt és élettelen.

4

Újraélesztették szegényt. A műtét
segített, de az oxigénhiány miatt
értelmi fogyatékos maradt. És
nyelni sem tudott. A tejemet fejtem.
Vele voltam két hónapot. Szondán
etettem. A szörcsögő nyálát kellett
leszívnom. Tornáztatni, védeni a
felfekvéstől. A deformálódástól
kicsi fejét. Mindig magas láza
és epilepsziás rohamai voltak. De
nem szenvedtem attól, hogy fogyatékos.
A tizenhárom éves koromban
átélt élményem óta nem a testi burkot,
hanem mindig a lelket néztem. És
minden lélek szép. Sóváran vágyik

or maybe the fire spread from the cigarette. I was
there when the service apartment caught fire. I ran into the flames.
My hair was singed. I heard her gasping for breath,
but she suffocated. The relatives helped out.

3

I attended college. And on the side
I worked. Sometimes there were boys. Just some kissing,
nothing more. My husband was the first one. His
love surprised me. Before that, I was only
beaten or tolerated. Suddenly
I was expecting and had—as I was told—
to take care of it. I was so
careful, always just waiting.
I was protective, doubled over like someone
being beaten, protecting her body: that's how I defended
the poor thing. When the time came to push
I suddenly flew away. I saw myself
from without, like a dead person. The head,
as it got stuck. The doctor pulled
out the body quickly, but it was already purple and lifeless.

4

They resuscitated it, poor thing. The operation
helped, but due to the lack of oxygen
it was brain-damaged. And couldn't even
swallow. I squeezed out my milk. I was
with the baby for two months. Fed it
through a tube. Had to drain away
the gurgling spittle. And do rehab, protect
the tiny head from bedsores, deformations.
There was always a high fever,
and epileptic fits. But
the brain damage caused me no suffering.
Ever since my experience at the age of
thirteen, it was the soul that I observed,
not the bodily covering. For every
soul has its own beauty. And yearningly

a tökéletesedésre. Kisfiam lelke tiszta
volt. Mindig levittem a kórházban
a kertbe. Hallgattuk a madarakat,
szép zenéket. Ilyenkor hátracsuklott
kicsi feje, úgy figyelte. Szép, tartalmas
része volt ez az életemnek. Sokat
gazdagodtam, ahogy keresztjéről az élet
őt lassan leemeltem.

5

Egy idő után már sírt, ha csak
hozzáértem. Az ápolónők
gondoskodását elfogadta. Ez fájt
nekem. Öt hónapos volt, amikor
újra megtermékenyültem. Ezt a babát
már nem védelmeztem. A magzattal
vizsgálatokra jártam. A másik meg
el akart hagyni, de nem engedtem.
Szegénykém még sírni is megtanult
miattam, csak hogy ne érintsem. Ekkor
a születendő magzat fején cisztát találtak.
Teljesen kétségbe estem. Gyűlöltem,
amiért ezt teszi velem: „Elengedlek!
Menj, ha akarsz! De intézd el, hogy
a testvéred fejéről eltűnjön a ciszta!" —
így kiabáltam vele. Másnap a cisztának
nyomát sem találták, az ultrahangon
tiszta volt a kép. Harmadnapra
ment el ő. A ravatalon törékeny teste
a tökéletes volt. Kis márványszobor,
mint egy isten. Szép és okos arca
mosolygott rám. Picike koporsóját
egy nagy platóra tettem. Ezt viccesnek
leltem. És a sír felé menet magamban
boldogan, felszabadultan nevettem.

longs for perfection. My little boy's soul
was pure. I always took him out
to the hospital garden. We listened to the birds'
lovely music. And he would tilt his little
head back, listening. These were beautiful,
fulfilling days for me. I was deeply
enriched, as I slowly lowered him
from the cross of life.

5

After a while, he cried
if I touched him. He accepted the
care of the nurses. That was painful
for me. He was five months old
when I conceived again. I didn't even try
to protect this one. I went to all the checkups
with the embryo. The other one
wanted to leave, but I didn't let him.
My poor baby even learned how to cry
so I wouldn't touch him at all. Then
a cyst was found on the head of the fetus.
I was thrown into doubt. I hated him
for what he was doing to me: "I'll set you free!
Go, if you want! But make sure that cyst
is gone from your sibling's head!"—
I yelled at him. The next day there was
no trace of the cyst,
the ultrasound picture was fine. And
on the third day, he departed. The frail body
on the bier was perfect. A tiny marble statue,
like a god. His beautiful clever face
smiled at me. I placed his tiny coffin
on a large platform. That struck me
as being very funny. And on the way to the gravesite
I laughed within myself, liberated.

A DOLOG

Engem tulajdonképpen a versek hoztak
haza: Petőfi, Arany, Vörösmarty. Komoly
hazafias nevelést kaptam. Pedig mehettem
volna Nyugatra. Akkor még nem tudtam,
hogy senkit sem találok ... Apám nagyon
vallásos volt, a férjem is. Ült halála előtt
a fotelba, ölébe Biblia, a görög meg a francia
szövegét hasonlította. Kezdetben még adott
nekem is könyveket. Elolvastam egy oldalt,
és adtam vissza. Nem szóltam, ő se. Látta,
nem fog ez menni. Született materialista
vagyok. A Mikulást kétéves koromba
se hittem el. Meg hogy a gólya hozza. A macskát
lestem, ha pohos volt: mikor születnek már
a kiscicák. Anyám meg rejtegette ... Tisztelem,
ahogy hisznek, mert szép is a. Orvos
szerettem volna lenni. Miután visszajöttem,
estin végeztem a földrajz és történelem
szakot. Nem volt könnyű: dolgoztam, mellette
két gyerek meg az esti egyetem. Családunkból
kevesen maradtak. Két unokaöcsém, orvos
lett az egyik, a másik mérnök. Mikor apám
unokatestvére hívott Pestre, április volt, túl
március 15-én, meg 19-én. Apám nem akart
menni. Azt mondta, ha a többiek szenvednek,
szenvedjünk mi is. Ezzel én is egyetértettem.
Fel se merült, hogy menekülni kéne. Hadiüzembe
mentem dolgozni. Vadásznadrágokat meg
zubbonyokat varrtunk. Közben szólt a rádió,
az rendületlenül. Addig volt a helyzet tűrhető,
amíg nem vittek gettóba. A zsidók próbáltak
a dologról ott sem tudomást venni. Már
közeledett, de erről nem volt szabad beszélni,
a dolog Pest felé. Aztán másnap reggel négykor
jött a csendőr, hogy pakoljunk. Június harminc
volt, és épp péntek. A sütőnap. Este meg a sábesz

THE MATTER

It was the poetry that brought me
back home: Petőfi, Arany, Vörösmarty. I received
a serious patriotic upbringing. I could
have gone to the West. I didn't know then
that I wouldn't find anyone. . . . My father was very
religious, as was my husband. Before his death, he would
sit in an armchair, the Bible in his lap, as he compared
the Greek with the French texts. At first he gave me
the books too. I would read one page, then
hand it back. He spoke not one word, nor did I. He saw
it wasn't going to happen. I am a born
materialist. Even at the age of two, I didn't believe
in Mikulás. Or in the stork. I lay in wait
for the cats when their bellies swelled, when the tiny kittens
were born. My mother kept hiding them. . . . I respect
those with faith; that too was beautiful. I would have
liked to become a doctor. After I came back,
I graduated in geography and history.
It wasn't easy: I was working, there were also
two children, and then night school. Few remained
from our family. Two of my nephews, one of them became
a doctor, the other an engineer. When my father's
cousin told him to come to Pest, it was April: March 15th
had passed, as had the 19th. My father didn't
want to leave. If the others are suffering, then we
can suffer too, he said. I agreed with him.
The idea of escape was never even mentioned. I went to work
in a military factory. We sewed combat trousers
and field jackets. In the meantime, the radio played
incessantly. The situation was bearable
until they took us to the ghetto. The Jews there
tried to take no notice of the matter. It
was coming closer to Pest by now, although the matter
could not be spoken of openly. The next day at four a.m.
the gendarmes came, telling us to pack up. It was the 30th
of June, and a Friday. Baking day. That evening, it would

lett volna. Kenyér nélkül indultunk. Az utolsó
menet mi voltunk. A dolgot a Kormányzó
akkor leállította, de ezt még végre hajtották
a hatóságok. Utólag megtudtam: mi nem legálisan
kerültünk oda. Az ajtaja teljesen bezárva.
Hát képzelhetni, mi volt ott, a vagonba: kilencvenheten
bezsúfolva, mire Kassára ért. Tulajdonképp
örültünk, amikor a németek átvették, mert
a csendőrök kegyetlenebbek voltak. Aztán már
az ajtó nem volt egészen bezárva. Éreztük
a jó levegőt, amikor a vonat a Kárpátokon
ment át. Július 9-én érkeztünk meg, a vasárnap
hajnalába. Láttuk azokat a fényeket és éreztük
a füst szagát. Akkor a férfiakat külön állították,
elbúcsúztattuk apát. Mentünk anyámmal,
belém karolt, és akkor Mengele mondta, hogy
úgyis találkoznak a délutánba. Anyám balra
ment, én meg jobbra. És nem néztem vissza,
nem néztem vissza . . . A törvények anyámra
eredetileg nem vonatkoztak volna, katolikus
volt, de áttért a vallásra. Kóser háztartást vezetett,
a bróchékat is megtanulta. Péntek este gyertyát
gyújtott. Ennél jobban nem vett részt a vallásba.
Elment a gázba. Elmentek és többé nem tértek
vissza. Egy idő után néhányunkat átvittek
a megsemmisítő B/III lágerbe. Itt volt a kórház,
ahol a szüléseket levezették, majd pedig
a csecsemőket megölték, az anyákat pedig
a gázba küldték. A reggeli kávét itt kiöntötték
előlünk. Októberben visszakerültünk a C-
lágerbe. Gyakran kiabálták, hogy „Transzport!"
Egy alkalommal beálltunk. És elvittek egy
kézigránát alkatrészeket készítő gyárba. Munka
előtt egy pléhedényt, kanalat meg marharépa-
levest kaptunk. Mintha felségesebbet soha sem
ettem volna. A versek hoztak vissza a hazába,
a szavak ott vannak a nyelveden. Bocsáss meg,
de ne felejts. Legyen úgy. Hát úgy legyen.

have been the Sabbath. We left without bread. We were
in the last march. The Regent wanted to put a stop
to the matter, but the local authorities
pushed on to the end. Later on, I found out: we were not
taken there legally. The doors completely shut tight. Try
to imagine what it was like there in that wagon: ninety-seven
of us crammed in there, by the time we reached Kassa. We were
actually glad when the Germans took over, as
the Hungarian gendarmes were much more brutal. Then
the door wasn't shut all the way. We breathed in
the fresh air as the train crossed over the Carpathian
mountains. We arrived on the 9th of July, into
a Sunday dawn. We became aware of the lights, and the
smell of smoke. Then the men were made to stand apart,
we bid Father farewell. We went with my mother,
her arms entwined with mine, and then Mengele said that
you'll meet up in the afternoon anyway. My mother went to the left,
and I to the right. And I didn't look back,
I didn't look back. . . . Originally, the laws wouldn't
have applied to my mother, she was born a Catholic
but had converted to the faith. She kept a kosher house,
and learnt how to say the *brokhe*, the blessings. On Friday evenings,
she lit candles. Her religious life did not extend any further
than that. She went into the gas. They went, never to return
again. After a time, some of us were taken
to the B/III extermination camp. Here was the hospital
where the births were attended to: the infants murdered
immediately and the mothers sent
to the gas. Where they poured out the morning coffee
onto the ground in front of us. In October, we ended up again
in C Camp. Often there came the scream "Transport!"
Once we stood in line. We were taken
to a factory preparing parts for hand grenades. Before
work started, we were given a tin bowl and spoon, and
turnip soup. It was as if I had never before eaten
anything so delicious. It was the poetry that brought me back
    home,
those words, the way they lie on your tongue . . . Forgive,
but never forget. That's how it should be. Yes, let it be thus.

A KÉMÉNYHEZ

Ó semmiség, te léghuzat,
az áramlásnak háza,
azért építnek tornyokat,
hogy Téged abba zárna

a praktikum, amely az ész
mostoha leánya?
Te táplálod a pusztítást,
amelynek tűz az álma?

Te vagy a szélnek rokona,
az oxigén áramlása?
Neked köszönhető csupán
az ércek olvadása?

A megsemmisítés Te vagy?
A téglák közé zárva
a legnagyobb veszély te vagy
a szén molekulákra?

Te pusztítod a testet el,
lebontva azt hamvára,
—hogy végül széndioxid lesz—,
és mindenféle gázra?

Te segítesz feloldani
a bűnt, amely magára
nem gondol, amikor teszik,
és úgy mosod tisztára

a csontokat? A hús nélkül
felizzó koponyába
a felsistergő agyvelőt
kifőzöd, hogy csak pára

marad belőle? És a szén
az oxigénnel párba
a sztratoszféra felé száll,
ahol Isten hiába?

TO THE CHIMNEY

Oh Nothingness, you draught of air,
    circulation's home,
do they build towers so
    that You may be enclosed

by praxis, that step-
    daughter of the mind?
Do You nourish destruction,
    whose great dream is fire?

Are you the wind's relation,
    are You oxygen's flow?
Is it you who should be thanked
    for the dissolution of ore?

Are You annihilation?
    When in bricks enclosed
are you the greatest danger
    to molecules of coal?

Do you liquidate the body
    decomposing it to ash,
—so it becomes CO_2—
    and every kind of gas?

You assist in dissolving sin—
    which doesn't think about itself
when it acts—
    is that how you wash the bones

so clean? Do you boil down
    the sizzling brain matter
in its incandescent skull,
    so that only steam remains?

And as carbon combines
    with oxygen, will it rise
to the stratosphere—
    where God, who is futile, abides?

A SÁMLI

1

Úgy nőttem fel, mint a holokauszt gyermeke. Otthonosan
járkáltam ki-be a lágerekbe. Voltak ismerős helyeim, nevek,
arcok, ételek, mint a *dörgemüse*. Ismertem lágerparancsnokokat,
SS-katonanőket, kápókat. Megtanultam furcsa szavakat: *appelplatz*,
heftling, blockalteste. Láttam a barakkokat kívül-belül. Mentem
gyalogmenetbe. Álltam a szelekción. Mindig mindenkim jobbra
ment. „Hazajöttünk. Ez a mi szerencsénk." A gyerekkoromat
nagyanyám meséli el, én meg ülök a lábánál a sámlin már korán,
öt évesen. Kucorgok ott és hallgatom. „Éjjel megzörgették az
ablakot, mondta, és indult Esztergomba, a Kossuth Lajos Iskolába,
meg két felnőtt lánya. Nagymama minden aranyukat az iskola
WC-jébe dobta, aztán lehúzta. És egy hajnalba, hogy ne láthassák,
az állomásra és a vagonba. Marhavagonba", mondta. És én láttam
a fiatal csendőrgyereket, akinek nagymama mondta: „Miért
teszed ezt velünk, kisfiam, mi is magyarok . . ." Először Komáromba
ment a vonata. Anyám itt közbe szokta szúrni, ha épp közel volt:

2

„Igen, azt se tudtuk, hová megyünk. Én is beszorultam a
sarokba", mondta, megnyomódott a válla. „Azóta is fáj."
Mikor anyám kiment, nagyanyám felém fordult: „Hallottad,
mit mondott? Hogy beszorult? Hisz nem is ott állt. De
elhiszem, hogy még most is fáj neki, mert órákig tartotta a
vállán apád halott anyját; a nagyanyád, a Sulc Fánit."
Nem tudtam mondani, hogy nagymamám. „De ott volt a
vagonba apád első felesége, és . . ." Itt mindig megállt,
ha apám bejött a szobába: „A Zoli előtt ne . . ." Így
burkolták apámat a csendbe. A sámlin ülök. Már meg is
érkeztünk valahová. Vége a sínnek. Végállomás.
Furcsa hely. Az egyik oldalon hatalmas máglyatüzek

THE FOOTSTOOL

1

I grew up as a child of the Holocaust. I roamed in and out of the camps,
like they were my home. These were my familiar places, names,
faces, and foods, like *dörgemüse*. I knew all the camp commands,
the female SS soldiers, the kapos. And learned strange words: *appelplatz,
heftling, blockalteste*. I saw the barracks from inside and out. I walked
on the forced marches. I stood during the selections. All of my people
always went
to the right. "We came home. This is our good fortune." My grandmother
narrates my childhood to me; early on, I'm sitting on the footstool by her
feet, five years old. I'm crouching there, and I listen. "At night they knocked
on the windows," she says, and they went to Esztergom, to the Lajos Kossuth
School,
with her two adult daughters. My grandmother threw all of their gold
into the toilet in the school, then she flushed the toilet. "And at dawn, so no
one would see,
to the station, and into the wagon. Into the cattle car," she said. And I saw
the young gendarmes, to whom my grandmother said: "Why are
you doing this to us, my son, we too are Hungarians. . . ." At first the train
went to Komárom. And if my mother was nearby, she would always say:

2

"Yes, we didn't even know where we were going. I was squeezed
into the corner," she said, her shoulder pressed up against the wall. "Ever
since then, it hurts."
When my mother went out, my grandmother turned to me: "Did you hear
what she said? How she was squeezed in the corner? She wasn't even
standing there. But
I believe that her shoulder still hurts, because for hours she was holding up
your father's dead mother, your grandmother Fani Sulc."
I couldn't say the words *my grandmother*. "But there in the wagon
was your father's first wife, and . . ." Here she always stopped
if my father came into the room: "Not in front of Zoli . . ." And this is how
we cloaked my father in silence. I'm sitting on the footstool. And now we've
even
gotten somewhere. The tracks have ended. It's the last station.
A strange place. On one side are gigantic bonfires.

égnek. Egy kapu, egy rámpa. Itt szokott anyám másodszor
közbeszólni: „Én mentem elől a sorba, utánam Julika,
hátul anyánk." Mikor odaértünk a sor elejére egy fess,
magas, fényes katonaruhás férfi elé, aki csak intett a
mutatóujjával: Jobbra-balra. Jobbra-balra . . . Én jobbra
mentem, de abba a percben megdermedtem. Elvesztettem
az időt, a teret, a helyet, csak mentem, nem tudom,
mennyi ideig és meddig. Ezredévnyi volt a tér. Lassan
hátranéztem. Mögöttem Julika és anya arca. Felsóhajtottam:

3

Most már semmi baj nem lehet"—mondani szokta. És ülök a
sámlin. „Állunk az appelplatzon. Hajnal van. Meztelenül,
kopaszon. A nap még nem kelt fel, reszketünk. Nincs hajunk,
hogy melegítsen. Vannak, akik nem bírják tovább. Összeesnek.
Mikor végre stimmel a száma, elvonulunk, ott maradnak a
földön fekve." „Három hét telt el—így szokta kezdeni a
folytatást nagyanyám—, addigra Julika nagynénéd már
majdnem elvesztette az eszét. Vacsora után nem kaptunk
folyadékot. A csapokra volt írva: FERTŐZŐ. TILOS
BELŐLE INNI. Julika őrjöngött. Erősen megszorítottam,
míg kicsit megnyugodott. A fürdőben hátrahajtott fejjel
itta a hol meleg, hol hideg vizet. Pár nap múlva kiütések a
karján és a lábán. Piros, nedvedző foltok. A kenyéradagomért
cserélt papírokat benyálazva ragasztottam rá", szokta
mesélni nagymama. Elfuthattam volna, de odahúztam a
sámlim. Hallgattam újra és újra. „Egyszer volt valami
küldöttség a táborba—szokta kezdeni vagy folytatni—, több
SS-tiszt, néhány nő közöttük. Felsorakoztunk egyvonalba.
Jaj, nem küldöttség, appel. Szelekció! Gyűlöltem a szót,
ahogy ma. Egy katonanő a lábakat figyelte. Julikához
érve állával a teherautó felé intette. Kirohantam elé térdelve:
Meine Tochter! Az én lányom! A katonanő biccentett. Julika a
helyén maradt." És csak ültem tovább a sámlin, hallgatva

There's a gate, a ramp. And here my mother would always interrupt
for the second time: "I went first into the line, then after me was Julika,
and in back was our mother. When we got to the head of the line, there was
a stylish, tall, splendid soldier, who motioned with his index finger:
to the right—to the left. To the right—to the left. . . . I went
to the right, but in that moment became completely numb. I lost
time, space, place, I just went on, I didn't even know
for how long or to where. A space like a thousand years. Slowly,
I looked back. Behind me, Julika and my mother's face. I sighed in relief:

3

"Now there can be no problems"—that's what she used to say. I sit on
the footstool. "We are standing on the appelplatz. It is dawn. We are naked,
and bald. The sun has not yet risen. We are shaking. We have no hair
to keep us warm. There are those who can stand it no longer. They collapse.
When at last the number has been confirmed, and we march in procession,
     they stay
lying on the ground." "Three weeks had gone by"—this is how my
     grandmother
usually continues—"your aunt Julika had almost completely
lost her mind. After dinner we got no liquids.
It was written on the faucets: INFECTIOUS. DRINKING
FORBIDDEN. Julika was delirious. I held her tight, until
she calmed down a little. In the baths, with her head thrown back,
she drank the water, cold or hot. After a few days, there were
eruptions on her arms and legs. Red, moist spots. I exchanged my ration of
     bread
for some paper, and licking it, I stuck it onto the spots," my grandmother
used to relate. I could have run away, but I pulled
my footstool over to her. I listened to her again and again. "Once there was a
delegation in the camp"—this is how she began her continued her story—
     "there were many
SS officers, and a few women among them. We lined up in a single line.
No, it wasn't a delegation, it was appel. Selektion! I hated that word,
just as I do today. One of the female soldiers was looking at the legs. She got
     to Julika
and motioned with her chin to the truck. I ran in front of her, dropped to my
     knees:
Meine Tochter! My daughter! The female soldier inclined her head. Julika
remained in her place." And I just kept sitting on the footstool, listening to

nagyanyám meséit. „Már napok óta mentünk kelet felé
gyalog menetbe"—szokta kezdeni, és nem hittem, hogy akiről
mesél, az ő volt. Mert nem is ő volt, valaki más. „Ötös
sorokban mentünk, mi hárman az egyik szélen, mivel anyád
csak a szélén bírta." „Nem pusztán azért, hanem mert
egyszer a mellettem lévő lány kérte, hogy ő fél ott menni.
Légiriadó volt. Alacsonyan szálltak a gépek és lőttek. Őt
találták el azon a helyen, ahol kicsit korábban én voltam."

4

A lányom egyszer megkérdezte: „Anyu te miért mindig az
első székre kérsz jegyet a moziban." Azt hittem, klausztrofóbia.
Akkor jutott eszembe anyám története, amit hallottam
tőle a sámlin ülve. Nagyanyám a gyalogmenetről mesélt.
„Egy katonanő dzsipen a menetet kísérte. Az volt a dolga,
hogy lelője, aki nem bírja. Egyszer nézek balra, ahol az
előbb volt Magda, és nincs ott senki! Jaj, mit fogok én
otthon mondani, ha majd az emberek megkérdezik: Hol
hagytad Magdát, aki rád volt bízva? Mit fogok mondani?
Olyan voltam, mint egy robot. Úgy jártam összevissza."
Láttam a sámlin ülve, ahogy a szalma közt piszkál, és a
halott testek közt a bot Magdát megtalálja. Anyámnak csak
egy története van. Egy fájdalmas, önkínzó, keserű vádakkal
teli: „Épp Pilsen városa közelébe ért a gyalog menet. A
szomjúság már elviselhetetlenül gyötörte. Mint a mesében,
előkerült egy jókora lovas kocsi sörös rekeszekkel.
A kocsisok rettenettel néztek a menetre, majd a rekeszeket
csúsztattak le. A foglyok rávetették magukat, a katonák
ütötték-verték. Én épp egy üveget szereztem, hogy
nadrágom hosszú zsebébe rejtsem, mikor láttam, nagyanyádra
hatalmas ütést mér egy katona. Én vigyáztam a sörre. Mások
emelték fel. Én máig sem . . ." Itt fullad el a hangja,
mindig a jelenbe. Ülök a sámlin. Nagyon távol. Egy jövőbe.

the fairy tales of my grandmother. "Now for days on end we had been going
toward the east, in procession on foot"—that's how she began, but I didn't
    believe
the story was about her, because it wasn't her, it was someone else. "We went
    in rows of five,
the three of us on one side, because your mother could only bear to be on the
    side."
"Not just because of that, but because the girl next to me told me she was
    afraid to be there.
There was an air raid. The planes were flying low and they were shooting.
She was hit in the spot where I had just been."

4

Once my daughter asked me: "Mummy, why do you always
get a ticket for the first seat in the movies?" I thought it was claustrophobia.
Then I remembered my mother's story, which I heard from her
as I sat on the footstool. My grandmother was talking about the forced march.
"One of the female soldiers was accompanying the procession in a jeep. Her
    job
was to shoot whoever couldn't keep up. At one point I looked to the left, where
Magda had been, and there was no one there! What will I say
at home if later on people ask me: *where
did you leave Magda, who was entrusted to you?* What will I say?
I was like a robot. I went on like that, confused."
I see her, sitting on the footstool, as she searches amid the hay,
among the corpses—the stick finds Magda. My mother only has
one story. It is painful, self-torturing, and full of bitter
accusations: "Just at that point the procession had gotten close to
the city of Pilsen. The thirst was torturous, unbearable. And just like in a
    fairy tale,
there appeared a large horse-drawn cart loaded with crates of beer.
The cart drivers looked at the procession with horror, then slid the crates
off the cart. The prisoners threw themselves at the crates, the soldiers
beat and thrashed them. I just happened to get a bottle, and
I hid it in the long pocket of my trousers, when I saw a soldier dealing
your grandmother an enormous blow. But I only guarded my beer. Others
picked her up. And to this very day, I can't . . ." Here her voice always chokes
into the present. I sit on the footstool. Very far away. Into the future.

AZ ANATÓMIÁHOZ

Miként a részek, úgy vagyunk
a vágy szálára fűzve. A test
színháza összerak és szétszed
minden este. Rejtett doboz

vagyunk mi is, adat adatra
festve. Mágnesszalag, memória
tart össze, mint a lepke
két szárnya közt a részeket,

és verdes könnyű teste. Mert
így lebeg és így csapong a víz
fölött repesve. Színes lapokra

írt nevek, csupasz izomzatokra, mint
tűzbe hulló lepke az, hogy metaforává
legyen, s a nyelv burkát levesse.

TO ANATOMY

Like the parts, we are stitched
to desire's thread. The body's theater
is assembled, then dismantled,
every evening. We are concealed

boxes as well, data painted
upon data. Held together
by memory, magnetic strips, just like
the parts between a butterfly's wings,

its light fluttering body. For
that is how it hovers and flits
above the water. Names written

on sheets of color, on bare musculature, like
a butterfly plunging into fire, so it will become
a metaphor, casting off language's cloak.

A TESTHEZ

Woman once a bird

A Test csak kódolt üzenet
  jelek találkozása
a női test a férfiagy
  zárt transzcendenciája

a madár, mint az áldozat
  a megbocsátás kódja
és alászáll, ha fölrepül
  mert teste nincs a szóba

rossz végtelen, halott szövet
  a vágytalan halála
hol Isten léte átszakad
  az immanenciába

a bűnös vágyak teste: nő
  a férfiagyak tárgya
a csonkolás, a kínzatás
  és a kitépett szárnya

hogy ne repülhessen tova
  a torzó csak a vágya
a test, amelyre hús tapad
  a hideg, fémes vázra

a megalázott test marad
  a fotókódba zárva
a női test halott Anya:
  az angyal poszthumánja.

TO THE BODY

Woman Once a Bird

> The Body—just a coded message,
>   the meeting up of signs:
> a woman's body—the closed
>   transcendence of the male mind:
>
> the bird, like the sacrifice—
>   the code which will forgive,
> when alighting must descend,
>   having no body in the word;
>
> it's bad infinity, dead tissue,
>   desire drained from death,
> where God's existence breaks through
>   into immanence;
>
> woman—desire's criminal
>   body: an object
> for men's brains—amputation,
>   torture, and the ripped-out wings
>
> so she will fly no further,
>   the torso merely her desire—
> flesh clings to the body
>   to the cold metallic frame
>
> the debased body remains,
>   trapped in the photographic code,
> a woman's body: dead Mother—
>   angel-beyond-the-human-gone.

Notes

FINAL MATTERS: SEQUENCES

p. 61: Dezső Kosztolányi (1885–1936) was one of Hungary's most important modernist writers. (Trans.)

p. 67: The three figures featured in the Hasidic sequences are the three great figures of Hungarian Hasidism: Eizik Taub (1751–1821), Mozés Teitelbaum (1759–1841), and Hersele Friedman (1808–1874), who were, respectively, the tzaddiks of Nagykalló, Sátoraljújhely, and Olaszliszka. They were regarded as miracle-working rabbis and even today are venerated as saints; yearly pilgrimages are made to their graves.

p. 67: In the verse that begins "The Redeemer shall arrive," the version in Szilárd Borbély's *Collected Works* (unpublished manuscript) has a slightly different ending. In the unpublished version, the last two stanzas read:

„A Megváltó minden Sábeszkor
eljön. S megáll a szombat küszöbén.
Várja, hogy azt mondják:»Jöjj,
Vőlegény! Szép Arád, a Szombat

Királynő, mindjárt érkezik!« De a
Messiás csak áll a küszöb előtt. Be-
hunyt szeméből szivárog a könny."

"Every Shabbat the Redeemer
appears. And stands at the threshold of the Sabbath.
He awaits these words: 'Come forth,
o Bridegroom! The Radiant Bride, Queen

of the Sabbath, shall soon arrive!' But the Messiah
just stands before the threshold. Tears
fall from his closed eyes." (trans. O. M.)

p. 73: *...from which then the Sage / of Worms could hardly see the crusading / bearers of the cross...*: This is most likely a reference to the devastating pogroms of 1096 caused by the passage of the First Crusade through the German city of Worms, murdering 800 Jews, including the the three sons of Rabbi Isaac ben Eliezer Halevi, the teacher of Rashi. (Trans.)

p. 75: The Hebrew alphabet has twenty-two characters; each has a numerical value. *Alef* stands for one, *bet* stands for two, and so on.

p. 92: In the author's unpublished *Collected Works*, there is an additional stanza inserted into the poem between the third and fourth stanzas of the version contained here:

> . . . *Az útszéli*
> *lapulevelek, bodzabokrok alatt*
> *megjelentek az első árnyékok.*

> *A zsidótövis bokor színe is már*
> *pirosra változott, mintha végig*
> *ömlött volna a levelein a haldokló*
> *Nap fénye. A templomszolga*

> *kétszer is kiment a falu végére*
> *megnézni az ég alját, . . .*

> . . . Beneath the leaves
> of the roadside burdock, beneath the elder bushes
> the first shadows appeared.

> The color of the zizyphus bush
> turned completely red, as if
> all its leaves had been flooded
> by the Sun's dying light. The temple servant

> walked twice to the end of the village
> to look at the low heavens . . .

There is also a slight variation in the last line: *Csak a Bolond tudta, mindez miért:* "Only the Fool knew why all this was so." Note as well that zizyphus is called "Jewish thorn" in Hungarian. (Trans.)

p. 95: *Why is this night different from all other nights?—* / *Otto Moll...*: Otto Hermann Wilheim Moll, who held the rank of *SS-Hauptscharführer* (highest-ranking enlisted officer in the SS), was stationed at Auschwitz from 1941 until the end of the war. After 1943, he was directly in charge of the crematoria. (Trans.)

p. 95: Concerning the tale of the little goat, the OMSZA Haggadah explains: "This is a so-called chain or accumulating tale. Its goal is to illustrate the point that God is the Lord of the entire universe; everything begins and culminates with Him. There are many European variations of the story of the *chad gadya.* [. . .] In the thirteenth century it arose [in non-Jewish circles] in Germany and appeared in German-language Haggadot only in the sixteenth century. Later on, it became very popular in the East." (See *Haggáda*, trans. Zoltán Kohn, with an introduction by Géza Ribáry, historical and artistic essays by Ernő Munkácsi, and commentaries by Zoltán Kohn, Budapest: OMZSA, 1943, p. 73). [OMSZA: *Országos Magyar Zsidó Segítő Akció (National* Hungarian Jewish Aid Action), along with the Hungarian Jewish Aid Committee (*Magyar Izraeliták Pártfogó Irodája*), were formed in 1938 and 1939, respectively, after the instigation of Horthy's anti-Jewish laws. Both associations were active until 1945. —Trans.]

p. 103: "Zemirot" are hymns sung on festive occasions, especially the Sabbath. See *Sámuel imája, zsidó imakönyv* [*Samuel's Prayer: A Jewish Prayer Book*], ed. Barush Oberlander (Budapest, 1996). [In *Samuel's Prayer*, the prayers listed under the section "Sabbath Prayers," including the *Löchá dodi*, are designated as "Welcoming the Sabbath" or "Hymn in Veneration of the Sabbath;" —Trans.]

TO THE BODY: ODES AND LEGENDS

The author adds two endnotes to the volume *To the Body* in his unpublished *Collected Works:*

There were two epigraphs that should have appeared on the dust jacket [of the original Hungarian edition]; the first of them somehow got "worn off."

"I know that everything that I have said and written about truth obligates me in the most serious sense of the word. Always remind me of this, if I am led away from true existence into the illusory." – Edith Stein

"Whoever has lived long amid misfortunate knows a certain complicity toward his own misfortune. This complicity may impede him in any sort of endeavor he might make to improve his own fate and may even lead him so far as to no longer wish for his own liberation." – Simone Weil

The volume's epigraph, *Minden Isten kezében van—az istenfélelmet kivéve* ("Everything is in the hands of God—except the fear of God"), is taken from the Talmud, Berachot 33b. [It is also widely translated into English as: "Everything is in the hands of Heaven, except for fear of Heaven." –Trans.]

I am particularly grateful to two collections: Magdolna Singer, *Asszonyok álmában síró babák, születés és gyász* [*Babies That Cry in Mothers' Dreams: Birth and Mourning*] (Budapest: Jaffa 2006 [Second edition, 2016—Trans.]);

as well as the anthology *Sós kávé* [*Salty Coffee*], part of the series The Books of Eszter, edited by Katalin Pécsi (Budapest: Novella 2007). I also made use of the collection of the *Legenda Aurae*.

p. 111: ... *he went to Brünn*: Brünn is the Hungarian name for Brno in former Czechoslovakia (today in the Czech Republic).

p. 111: *Nelly lived in Újvidék / with her husband*... Újvidék is the Hungarian name for Novi Sad in Serbia, one of the regions that Hungary lost in the Treaty of Trianon in 1920 as part of the peace agreements ending World War I. During World War II, it was reannexed by Hungary (then an Axis client state); murderous raids were carried out on both Serbs and Jews alike.

p. 111: *That's how it was when / 1944 came. On March 15th, one of my teachers said, / "You remain seated," while the class sang the anthem* ...: March 15 is Hungary's National Holiday, commemorating the failed 1848 uprising against Habsburg rule. On March 15, 1944, Nazi Germany, suspecting that Miklós Horthy's government was trying to conduct an armistice with the Allies, invaded its previous ally. This resulted in the deportation, (under Eichmann's orders, with the cooperation of Hungarian gendarmes) of over 500,000 Jews from Hungary and its annexed territories. In October 1944, when Horthy tried to conduct a separate peace with the Soviet Union—Soviet troops were already on Hungarian soil—Nazi Germany installed Ferenc Szálasi, head of the Hungarian fascist Arrow Cross movement, as dictator. The new regime was responsible for the ghettoization and random murder of tens of thousands of Budapest's Jewish population. See *The Politics of Genocide: The Holocaust in Hungary*, Randolph L. Braham, New York: Columbia University Press, 1981. (Trans.)

p. 121: ... *on the long Arrow-Straight Street* ...: This name – not a common toponym in Hungary—is very likely a reference to the fascist Arrow-Cross movement (in Hungarian, *Nyilaskeresztes Párt*, informally called *nyilasok*), which ruled Hungary from October 1944 to March 1945. During its reign under the movement's founder Ferenc Szálasi (see above), the new regime was responsible for thousands of murders and still greater deportations to Nazi Germany's concentration camps. (Trans.)

p. 123: The poem "Canary Yellow" is drawn from the testimony of Judith Magyar Isaacson, as contained in her book *Köszönet az Életért: Egy túlélő visszaemlékezései*, translated by Éva Baik; Novella Könyvkiadó and Eszter-Ház Egyesület, Budapest, 2008. The Hungarian version that Borbély used is a translation of her memoir *Seed of Sarah: Memoirs of a Survivor*, University of Illinois Press, Urbana and Chicago, 1991 (Trans.).

p. 127: *Vernichtungslager*: Extermination camp.

p. 137: *Agathon held a stone in his mouth / for three years* ...: This subject of this poem would appear to be St. Agathon (the Venerable Agathon) of Egypt, an ascetic hermit who lived in roughly the early 5th century CE. He is a significant figure in the Orthodox Church. (Trans).

p. 145: *The Matter:* H. László Magda: *Emlékkönyv a XX. századból* (Budapest: Lauder Könyvek, 2006).

p. 145: *Petőfi, Arany, Vörösmarty:* Sándor Petőfi (1823–1849), a Hungarian poet who was a crucial figure on the Revolution of 1848; János Arany (1817–1882), Hungarian poet, dramatist, and writer of epic ballads; Mihály Vörösmarty (1800–1855), Hungarian Romantic dramatist and poet. (Trans.)

p. 145: *Mikulás:* The celebration of Saint Nicholas's feast day (Dec. 6), across central Europe, involves gifts of sweets for children. (Trans.)

p. 147: *The Regent wanted to put a stop / to the matter*...: Admiral Miklós Horthy, Regent of Hungary, under international pressure after the release of the Vrba-Wetzler report, attempted to stop the deportation of the Jews from Hungary in July 1944, thus infuriating Adolf Eichmann. By that time, however, virtually all of Hungarian Jewry outside of Budapest had been deported and murdered. See *The Politics of Genocide: The Holocaust in Hungary, Condensed Edition*, by Randolph L. Braham, Wayne State University Press, Detroit, 2000, p. 82. (Trans.)

p. 147: *by the time we reached Kassa:* Kassa is the Hungarian name for Košice in Slovakia. It was also part of the territory reannexed by Hungary during World War II.

p. 151: *dörgemüse (dörrgemüse):* dried vegetables; *appelplatz:* square where roll calls took place in German concentration camps; *heftling (häftling):* prisoner; *blockalteste (blockälteste):* block leader. Spellings reflect Hungarian orthography (Trans.).

p. 151: *the kapos:* "prisoner functionaries" in the German concentration camps (Trans.).

p. 159: *To the Body:* This poem is based on the photograph *Woman Once a Bird*, by Joel-Peter Witkin. I would like to thank the author of this photo for consenting to its publication and use on the book cover. [This photograph, on the dust cover of the original Hungarian edition, can be seen at Artnet .com.]

Credits

"Parable of the Fish's Eye," "Enigma of Death," and "On the Wings of Freedom" first appeared in *The American Reader*, March 2013.

"The Matyó Embroidery" first appeared in *Poetry Magazine*, November 2013.

"Reb Taub once said . . . ," "The Sabbath didn't want to arrive . . ." [previous version], "When the Hasidim of Kálló," and "The Sanctification of the Name" first appeared in *Asymptote*, July 2013.

"To Anatomy" first appeared in *World Literature Today*, November 2014.

"To Patience" and "To Trust" first appeared in *Asymptote*, January 2015.

"The Sanctification of the Name" also appeared in *When I Lived on This Earth . . . : Hungarian Poets on the Holocaust*, selected and edited by George and Mari Gömöri (London: Alba Press, 2012).

"Aeternitas," "Distribution," "The Stone Tablet," and "Death of the Emperor" first appeared in *The Paris Review*, Number 225, Summer 2018.

"Rosary for the Nymphs," "The Former Realms of Consciousness," "One Seder Evening," and "To Trust" first appeared in *Literary Imagination*, Fall 2018.

Translator's Acknowledgments

Above all, my thanks are due—posthumously and in great sadness—to the author of these poems, Szilárd Borbély (1963–2014), who displayed infinite patience and kindness in answering my many questions, and who read through almost all the first drafts contained in this volume: Szilárd, your friendship enriched my life more than I could ever say. And to my editors—Peter Cole, Rosanna Warren, and Richard Sieburth—with whom it has been a tremendous privilege and inspiration to work and whose suggestions and advice have been truly invaluable. Thanks are also due to George Szirtes, one of the first to publish Szilárd Borbély's work in English in the anthology *New Order* (Arc Publications, 2010), as well as to everyone along the way who supported the publication of Szilárd Borbély's work in English, including Edwin Frank, editor of NYRB Poets, the editors of the website Hungarian Literature Online, and Dóra Károlyi (of the former Hungarian Book Foundation, now the Hungarian Books and Translations Office), who has done, and continues to do, so much to usher Hungarian literaure into English. (Any remaining errors are, needless to say, my own.)

Most of the first drafts of these poems were completed at the Hungarian Translation House in Balatonfüred, Hungary, sustained through the selfless efforts of poet Péter Rácz, and where the spirit of Hungarian verse reaches deep into one's bones and soul for those who have chosen to grapple with this magical and strange language. My deeper knowledge of Borbély's immediate forebears—from the literature of Hungary in the twentieth century—has been immeasuarbly enriched by Dr. Evžen (Jenő) Gál of Charles University. I am also very grateful for the time Dr. Gál took in order to discuss some of the more complex verses as well as the connections between Borbély's work and that of János Pilinszky. Багш (Jugderiin Lubsangdorji) taught me a whole new way of thinking about language—and life. And finally, "the debt that cannot be repaid" is due to my family, whose love and support sustain me always.

This translation is dedicated to the memory of Szilárd Borbély.

Translator's Afterword

On the night before Christmas Eve in 2000, burglars broke into Szilárd Borbély's parents' house in the tiny village of Jánkmajtis, in the far northeast of Hungary. At two in the morning, his father had heard noises at the front door: he opened it and was struck on the head, falling unconscious. The poet's mother was bludgeoned to death with a meat-ax as she lay in her bed sleeping. *Final Matters: Sequences* was Borbély's artistic response to what happened on that night. The murder—or to use the poet's own phrase from a later essay, the "incidental threads of the crime"—suffuses the entire volume, from each of the individual poems to the inclusion, at the very end, of the fumbling wooden prose of its report from the newspaper *Eastern Hungary*. And yet it wasn't the horror itself that led Hungary's literary establishment to hail *Final Matters* almost unanimously as one of the lasting works of the new millennium. Borbély's achievement was to find a range of poetic means that would allow him to transcend the personal aspects of this tragedy and create a profound meditation on death—an *ars moriendi*—an examination of the disintegration of the body, its relation to the spirit and to the divine, as refracted through the myths and theo-philosophies of the three great traditions of Western civilization: the Christian, the Hellenic-Roman, and the Judaic.

The second collection from which the poems in this volume are drawn, *To the Body*—the last work of poetry to appear in print before Borbély took his own life in February 2014—seems on the surface to represent an aesthetic and thematic departure. Here he approaches the subject of bodily suffering from a perspective previously unrepresented in his work: his voice becomes the *female* voice of testimony, bearing witness to childbirth, miscarriage, abortion, and the experiences of the Holocaust. While such poetic strategies are often called into question as "appropriation," Borbély's decision to *inhabit* these various speaking voices and their stark witness to bodily and psychic trauma render these poems a kind of *écriture féminine*—written by a man.

And yet the selections from both volumes depict an ethical and even religious quest as much as an artistic trajectory. Borbély's artistic impetus—and this point cannot be stressed too strongly—was never to write poetry for its own sake. Among his peers—the first generation of Hungarian writers to have experienced the "regime change" to a market democracy in 1989—many seemed relieved to have shed the burdens so often intrinsic to the eastern European writer's public persona: these included moral pronouncements through verse on matters of national moment as well as the task of contributing substantially to the national poetic corpus, which, in turn, served to justify the existence of the national language (and, by extension, of the nation itself). Borbély made this responsibility the central force of his writing, but what he took responsibility *for* was in stark contrast to the rest of his poetic generation. As his close friend, the poet Gábor Schein, pointed out in his obituary, Borbély didn't shirk those moral dilemmas that were, in a sense, not even his to begin with. Or never only his. These poems are ethical interventions into a society marked by its own highly selective memory. Borbély wrote against the willed forgetting by an entire nation—but that does not diminish the relevance of his work for us. *Final Matters: Sequences* is nothing less than a blasphemous and fragmentary prayer book, an archaeology of lost and dispossessed voices that challenges us to rethink the boundaries of victimhood, culpability, and our own religious and cultural definitions.

Borbély once remarked in an interview that, in his volume *Berlin-Hamlet*, he had wanted to experiment with the forms of English free verse.[1] By contrast, in *Final Matters*, he resurrected a medieval religious poetic form, the Latin *sequentia*, also known as the *jubilatio* or *laudes*. Literally a continuation, in this case the continuation of a wordless melody into a song, the *sequentia* in the Christian service began from the last, or one of the last, prolonged syllables (the melisma) of the Alleluia, traditionally sung as the deacon ascended to the ambo. Notker Balbulus, also known as Notker the Stammerer (840–912), began to fit Latin words of the service into the prolonged syllables; this became known as the *sequentia*, as it followed the Alleluia. Although *sequentiae* appeared to flourish in medieval times, in the later Renaissance, the Catholic Church banished almost all sequences from the liturgy save four.

Borbély said of the sequence, "It is a hymnal composition, carrying within itself repetition and fragility," adding that "This ancient

---

[1] At the Prague Hungarian Cultural Center in 2004.

form seemed suitable as building material for the construction of an eclectic monument."[2] Borbély uses the inherent eclecticism of the sequence to embrace a wide range of poetic structures and genres, including reworkings of simple religious folk songs, ballads, prayers, hymns, sonnets both rhymed and unrhymed, Hasidic parables, and Jewish folk songs. Borbély's decision to embrace so many different traditions and radically varying worldviews is eloquent testimony to the generosity and depth of his poetic mission and vision, and his use of a rather neglected liturgical form to create his "blasphemous apocrypha" is provocative. He wanted to employ the sequence in order to shift the terms of theological debate within Judaism and Christianity.[3]

In Book One of *Final Matters*, Borbély reworks the folk Catholic Baroque tradition as it existed—and to a degree, still exists—in central Europe. The poems in the first section, with their strong emphasis on the suffering of Christ as a metaphor for the suffering of Borbély's own murdered mother, are difficult to render in English. On one hand, they allude to a religious and cultural legacy that is rather distant now from the Anglo-Saxon literary sphere: the closest reference point would be the Metaphysical poetic tradition of English poetry with its concern with death and dying, the state of the soul, and its emphasis on allegory. These verses also make use of forms and poetic images—the simple poetic folk ballads of the Catholic peasantry of eastern Europe (for the most part originally translated from the Latin liturgy) and, more specifically, of Hungary, particularly during the Catholic Restoration of the early sixteenth century—which may not be readily available to the English-speaking reader. The clear echoes of rhythms, vocabulary, and the poetic ethos of these simple but heartfelt verse forms are palpable throughout the first section of *Final Matters*. Milan Kundera has written about the abiding presence of angels in churches and other architectural monuments in the Czech lands, meant to sway the population to Catholicism, as a form of visual propaganda; the verse forms of the Counter Reformation served the same purpose and left their own artistic legacy as well.

---

[2] Interview with Robert Kiss Szemán, in Borbély, *Egy gyilkosság mellékszálai* [*Subplots of a Murder*] (Vigilia Kiadó, 2008), p. 98.

[3] Ibid., p. 99.

Borbély—as might be expected of any self-respecting Hungarian poet—works with the abundant phonetic storehouse of the Hungarian language, especially its openness to rhyme and assonance. (For example, syllables containing a similar vowel, but with different final consonants, can still register as end rhymes). He often employs rhyming tercets in lines of seven or eight syllables, or rhyming quatrains. Meter, in his formal verses, is harder to pin down; he makes frequent use of lines with the same syllabic count, often with seven, eight, or eleven syllables. The diction is often very close to the spoken language. In the opening poem of Book One of *Final Matters*, "The Allegory of the Pelican," Borbély underscores the vowels *a/á* (/ɒ/ and /aː/), which dominate the poem (as do, in general, the back vowels of Hungarian vowel harmony *a*, *o*, and *u*). The repeated '*a/á*' sound creates the impression of a repeated sigh or almost that of a lamentation in the form of a lullaby. In other poems, such as "Rosary for the Words" (not included here), a kind of aural or phonetic rosary is created in which the infinite circular movement of reading the rosary is suggested by the incomplete sentence that forms the poem: the string of the rosary is formed by the end rhymes.

Translation of Hungarian poetry into English has been highly influenced by Hungarian translation practice itself, in which it is considered mandatory to maintain every single aspect of the original in the translation, including syllable count, meter, rhyme scheme, and so on. A similar methodology, while translating into English, produces what we might think of as a technically impeccable rendering yet rarely amounts to more than a sterile transcription. Even worse, attempting to preserve all traditional poetic attributes in English brings with it the threat of heavy-handed archaism, pastiche, or even kitsch. My own practice has been to seek a middle ground that conveys the musicality and respects the form of the original yet does not overburden the English text with the awkward or bathetic moments that strict literalism inevitably creates. Half-rhymes or slant rhymes, for example, might be as effective as a full rhyme in the original—and avoid doggerel. For similar reasons, an *abcb* rhyme scheme in English may be preferable to an overwrought cluster of stale rhymes that strives to adhere to an *abab* rhyme scheme.

Borbély didn't originally plan to write about the horrific break-in, but somewhere along the line something must have shifted in him. In a 2003 interview, when asked why he had begun writing these sequences, his answer was simple: "My parents were murdered."[4] In searching for a suitable aesthetic and epistemological framework for his project of creating a verbal monument to his parents, he ultimately turned to the subject of his own academic specialty, the Baroque literature of central Europe. The poet described the process:

> This journey [to the writing of *Final Matters*] was long. I passed through the stations of anger, hatred, of desire for revenge. In the beginning, I didn't even want to touch the subject. After a period of about a year and a half or two years, it gained form by chance. And even then, I only turned to it when there was no more passion within me, when only sorrow and mourning remained. I wanted to build a memorial for them, a monument. And suddenly I realized that the era with which I am engaged professionally offered an enormous inventory of means for the expression of all these feelings. It contains a magnificent poetic arsenal for the expression of death and resurrection and the very human suffering associated with those matters. It has bequeathed to us a very beautiful and elaborate language from which I could borrow, because my own means for expressing these matters are very slight, and my own personal involvement is too great. This is why I employ the knowledge and the language of those who are able to speak of these matters with beauty and with credibility, matters of which I too should like to speak.[5]

In his study *The Origin of German Tragic Drama*, Walter Benjamin writes: "Above all it is the offensive, the *provocative* quality of the gesture which is Baroque."[6] In Borbély's reworked Baroque sequences, there is more than enough to provoke even the modern reader: angels wander drunkenly, the violence of the Crucifixion breaks out in gruesome detail, eternity appears as a sterile, terrifying realm, poetic attention is drawn to the Murderer, Christ enters as a dead infant in a manner that somehow recalls the photographic documentation of starved and emaciated infants in the Nazi death

---

[4] Interview with the author, JAK Műfordítótábor [Attila József Circle Translation Camp], Gödöllő, 2003.

[5] Interview with Robert Kiss Szemán, in Borbély, *Egy gyilkosság mellékszálai* [*Subplots of a Murder*] (Vigilia Kiadó, 2008), p. 94.

[6] Walter Benjamin, *The Origin of German Tragic Drama*, with an introduction by George Steiner, translated by John Osborne (Verso, 1996), p. 183 (emphasis mine).

camps, or as the murdered Mother; and hopelessness permeates prayer. The poet Ákos Szilágyi refers to these poems in the first book of *Final Matters* as "verse-wounds." Benjamin also wrote that "it is common practice in the literature of the Baroque to pile up fragments ceaselessly, without any strict idea of a goal, and, in the unremitting expectation of a miracle, to take the repetition of stereotypes for a process of intensification."[7] Borbély too piles up the gory imagery, almost as if he were demonstrating Deleuze's undulating Baroque fold (*le pli*); but redemption—the hope and expectation of the Resurrection—is nowhere to be found. This is the crucial point where Borbély shifts the Baroque paradigms directly into our own era. In a 2004 interview he noted:

> In the consciousness of our age, death is not considered to be an important value. Murder, however, is present—depicted innumerable times every evening in detective stories, action films, horror and fantasy films, but also in programs that appear to be harmless. The world lives in the fascination of murder: the victim is either an accidental victim, or he deserves it. Death had a central place in the Baroque era as well as in the one that followed. And so, it equipped itself with an enormous repository of ritual, with the knowledge of the mechanisms of the soul and of language. The Baroque era saw salvation, or the possibility of happiness, commencing beyond death.[8]

Borbély commented on his parents' death, saying that not only had it caught them unexpected but that they had been unprepared to die, adding that, "After the age of forty, I think that, as for myself, it is time to prepare for death. A good death. And to pray for my dead."[9] He explores the trope of the "bad" death—the death that is largely emblematic of our age—in several poems in this volume and in later essays, in both cases using a nearly documentary approach to the traumatic aftermath of his mother's death.

> According to the photographs taken at the scene of the crime, Ilona's eyes really were open, her hands convulsively clamped together, the mark of suffering upon her face. Blood plasma had dripped slowly onto the eyelids—it is impossible to look away from them in the

---

[7] Ibid., p. 178.

[8] Interview with Robert Kiss Szemán, in Borbély, *Egy gyilkosság mellékszálai* [*Subplots of a Murder*] (Vigilia Kiadó, 2008), p. 95.

[9] Ibid, p. 96.

photographs, as the eyelids swelled up to the size of a potato, turned downwards and covered the eyeballs. The eyes were closed from the hemorrhaging under the skin, caused by blows to the head. These colossal swellings are later cut open during the autopsy; the eyelids are then sewn back into place with tiny stitches, as is the facial skin around the damaged mouth.[10]

In the poem "Rosary for the Nymphs," in Book One of *Final Matters*, this "bad" death is at first re-echoed through the imagery of the unquiet, violated body: it lies, bereft of life, anonymous and unclaimed; the shades, like hungry ghosts, "[wait] by the edge of the opened eye" or "[are] jostling around the mouth." In "The Sanctification of the Name," the martyrdom of the Sage of Worms, whose eyelid "swelled up as if / it were a potato, or rather / it became like a piece of rotting / fruit, weighing heavily down / upon the eyeball . . ." recalls the damage to the mother's face now echoed in the ravaging pogroms of the eleventh century: ". . .the Sage / of Worms could hardly see the crusading / bearers of the cross . . ." The wound of the mother's body—the stigmata of the victim of a sordid act of murder—is transformed into the nexus where the martyrdom of the Jews and the martyrdom of Christ become entangled, indistinguishable, an invitation for us to examine our own relationship to death, to mourn our own collective and individual dead. The mother's body is destroyed, and yet it embraces so many other deaths, including the death of a holy man. The original title of the book in Hungarian, *Halotti pompa*, could be translated as something like "Funereal Magnificence" (or even the more unfortunate "Funereal Pomp," a highly literal rendering that does not convey anything of the gravitas and dignity of the original). It alludes to the pomp and ceremony attendant upon a lavish funeral but also, in the Baroque sense of the word, a funeral as a stage setting, a passion play, a theater of death and mourning.

In the second section of *Final Matters*, Borbély turns to the Greek myth of Amor and Psyche. This section of forty unrhymed sonnets (in the original edition), although "modern" in form, also embraces a deeply allegorical view. The language is subjected to the "filter" of (an ostensibly male and scientific) objectivity—the poetic voice is dispassionate, distant. Scientific facts are reeled off—the "religion"

[10] "Secondary Threads of a Crime," *Hungarian Quarterly*, 2010 (trans. O. M.).

of our age. Tragedy is registered from afar without excess emotion. Borbély's emphasis on the *victims* of the Greek mythic world is nonetheless striking and unusual. Psyche stands in for the violated, destroyed body; Amor is the invading force: the idyllic qualities of the classical tale, so valorized in Western culture, are nowhere in sight. These are deeply chilling poems that not only place the parable of Amor and Psyche on the dissecting table but evoke the eerie parallels between classical "paganism" and our modern secular world. As in *Berlin-Hamlet*, the boundaries between murderer and victim are blurred. Lamentation and melancholia—the baroque traits so in evidence in Book One—are absent. The idyllic qualities of the classical tale are brutally stripped away, like the "shreds of gauze" clinging to Amor's black eye sockets to reveal "clotted blood." No pastoral Cupid, this Amor belongs among the victimizers of "the death camps . . . who, blindfolding their captives, come to / them regularly at night," even though, we read, "perhaps these ogres of malediction are merely yearning for incorporeal / love."[11] The reunion of body and soul—expressed through the pagan allegory of Amor and Psyche—is violent, as traumatic as the act of murder itself. Even language itself is inherently violent—language occupies the mute body as if it were an invading army:

> No single person owns the language
> he speaks, but merely receives it
>
> on loan. When he speaks, the body is visited
> and then seized by the Voice, that ruthless
> god, just as Amor seized Psyche.

Throughout all three sections of *Final Matters*, individual poems turn deeply philosophical and abstract, at times seeming to evade a more precise description of what they describe in concrete terms. In this respect, the poet makes full use of the elliptical possibilities of the Hungarian language, in which subject and object (and sometimes both) can be eliminated from a sentence, a predicate can be virtually orphaned at the tail end of a statement, or sentences can remain extremely fragmentary. The Hungarian or central European reader (as to a certain degree this is a regional feature and not just a linguistic one) is more tolerant of these lacunae, perhaps more used

---

[11] From the poem entitled "War Crimes" (not included in this volume).

to them, or more trained in filling in the blanks; something the translator must always keep in mind. These poems can be read as a continuation of the "Allegory" series from *Berlin-Hamlet*: they form a series of meditations on Borbély's core concerns of death and the permutations of the body, and what is "left behind" by the body. The idea of language holding or representing anything at all is itself nearly eviscerated, as if Borbély's intent were to erase its signifying powers once and for all, for even in the act of mere designation, it does violence. In an early notebook entry, Borbély writes: "The lyric is always aggressive.—" It is interesting that Borbély perceives the *lyric* voice as being aggressive, which is perhaps why he wished to make it nearly empty of content in his more lyrical poems. And yet it behooves us to remember the little boy of his fictionalized childhood memoir, *The Dispossessed*, who was always retreating into his own world of prime numbers as a way of countering the brutal reality of the impoverished village that surrounded him. On some level the world of abstraction, prime numbers, geometry must have represented an escape, a Deleuzian "line of flight," from an overly brutal physical world.

In the third section of *Final Matters*, "Hasidic Sequences," Borbély turns to the traditions of his own Szátmar County, and more specifically to three tzaddiks: Isaac Taub (1751–1821), Moses Teitelbaum (1759–1841), and Zvi Hirsch Hersele (1808–1874). These rabbis were not simply spiritual authorities but viewed by their communities as living physical embodiments of holiness, capable of healing and other miracles, as living incarnations of the Holy Word; they were also the founders of the primary theological lineages of Szátmar Hasidism.[12]

Borbély reworks Hasidic parables, Jewish folk songs, evoking the martyrdom of the Jewish community in twentieth-century Europe. The simplicity and humbleness of the language he uses, particularly in the Hasidic retellings—which echoes the deeply oral character of many of these parables—belie the profound theological arguments that underlay them.

---

[12] *Final Matters: Sequences* was published in two editions; the first edition, published in 2004, contained *Sequences of Holy Week* and the *Sequences of Amor and Psyche*. The second edition, published in 2006, completing the book with the *Hasidic Sequences*, met with a far more muted reception from Hungarian critics.

The addition of Book Three to *Final Matters* means that the "classical" (polytheistic) middle section of *Final Matters* is framed by two "theological" sections; this transforms the original volume into a triptych. Across the random violence of antiquity, the two great Western theocratic traditions call out to each other—opening what the author in an interview characterized as "a secret dialogue" between the Jewish Hasidic movement of the eighteenth and nineteenth centuries and Christianity.[13]

Part of the *Hasidic Sequences* is comprised of a series of rabbinical conversations, or teachings, that take place between the three tzaddiks mentioned above. In Borbély's reworkings, questions surrounding the Creation, both metaphysical and logistical, are portrayed in speech fragments of the rabbis' learned yet conversational style. The movement of Creation, in their dialogues, is a deep and abiding concern: it is identical with the movement of an omnipresent God withdrawing into himself, thus creating at his center an empty space for humankind and the beings of the earth. According to Isaac Luria, one of the most significant Jewish thinkers of the sixteenth century in the Galilean town of Safed (a primary location for Kabbalistic thought in the centuries after the expulsion of the Jews from Spain), the concept of *tzimtzum,* "contraction or withdrawal into oneself," is in Kabbalistic thought of ultimate importance in interpreting Creation. Luria's ideas, handed down in notes from his disciples, stress that the Creation could come into being only by the Creator's sacrifice of his own omnipotence, in order to create a void so that all other beings could exist within it. As Borbély writes,

The First Adam replenished the universe,
and that is why God had to flee
from Eden. He withdrew
into a crevice far away . . .

Gershom Scholem notes that we can regard this movement as God's exile into himself. Luria even considered that a remnant of God's light remained (and remains) in the world, created by this movement of self-withdrawal. Similarly, he also believed in the transmigration of souls (*gilgúl*), which was to become an important part of the rural Hungarian Jewish faith (and, incidentally, also a belief held by Moshe Teitelbaum). Scholem states, "The Lurianic Kabbalah was

[13] *Egy gyilkosság mellékszálai,* p. 102.

the last religious movement in Judaism the influence of which became preponderant among all sections of the Jewish people and in every country of the diaspora, without exception."[14] The *Hasidic Sequences*, in recasting the rabbis' dialogues, becomes the only section in *Final Matters* to address the question of suffering on a universal scale (as opposed to the more individualized suffering of Christian iconology) in a way that is close to the tenets of Isaac Luria. The community of the Szátmar Jews was almost completely destroyed in World War II, lending a particular urgency and poignancy to the questions the rabbis pose. The many eloquent fragments describing the necessary withdrawal of God from our world offer something approaching a theological answer to the problems of suffering and unjust death.

These rabbis also created their own dialogue with the folk culture of the region. And Borbély takes this material and reworks it even further (as he did with Kafka's letters in *Berlin-Hamlet*), as in the poem "The Sequence of Isaac Taub." According to legend, the historical Reb Taub once heard a shepherd boy in a meadow singing; having recognized the tune as an ancient Jewish melody from the Temple, he paid him two gold pieces for his song. Instantly, the rabbi learned the melody while the boy forgot it; the rabbi subsequently added two biblical verses. The song itself, in Hungarian *Szól a kakas már* (The Rooster is Crowing), is now an inextricable part of the Hungarian traditional-music canon, widely recognizable. In the original version, the last verse reads (the last two lines are usually sung in Hebrew):

> When will it be? When will it be?
>> When the Temple stands again,
>> And Zion is rebuilt.

Yet in Borbély's paraphrase, this same stanza offers a far more ambiguous message than the hope of divine providence eventually bringing the shattered unity back to completion:

> "When will it be? When will it be?"
>> Somewhere the rooster cries.
> Never shall that bird ascend,
>> just he who sings these words.

[14] Gershom Scholem, *Major Trends in Jewish Mysticism* (Schocken Books, 1995), p. 354.

The longing for the Messiah and the Resurrection is blended in this poem, just as in Borbély's reworking of the "Zemirot," in which the Sabbath Queen is envisaged as a Messiah-like figure who appears in the death camps—and the radicalness of a female Messiah figure hardly needs to be pointed out. Borbély has justly been termed an "ethical rebel," and it is particularly in the *Hasidic Sequences* that the radicalness of his vision becomes apparent. Just as with the work of János Pilinszky (1921–1981), a Catholic Hungarian poet whose oeuvre largely dealt with the traumas of World War II and whose work was a major influence on Borbély, the poetry cannot wholly be separated from the circumstances of its creation. In the case of Borbély, these are not only the murder of his mother but also his own highly ambiguous and psychologically difficult background: the descendant of a presumed (and ostracized) half-Jewish illegitimate son *and* of enthusiastic Fascists who participated in the harassment of the village's sole Jewish family (his own half-acknowledged relatives), he was raised in dire poverty in a tiny, isolated village in northeastern Hungary. To this must be added his growing consternation and dismay, as an adult, at Hungary's increasingly fervent embrace of the politics of the 1930s. For poets such as Pilinszky— and for Borbély as his successor—poetry was not only an artistic but also a moral and spiritual enterprise, where the vital stake was nothing less than the integrity of both morality and art. It is no understatement to say that Borbély, within his generation in Hungary, was the conscience of the literary and broader intellectual spheres; his death by suicide in 2014 left a gaping vacuum in Hungarian letters, traumatic even for those who never knew him personally. The same words that Ted Hughes once used to describe the work of Pilinszky apply equally to Szilárd Borbély: "The convict's scraped skull, the chickens in their wooden cages, the disaster-blanched wall, which recur like features of a prison yard—all have an eerie glowing depth of hieratic beauty, like objects in early religious painting."[15] Borbély's debt to Pilinszky is reinforced by his frequent citations from his poems—a form of intertextual evocation that is common in Hungarian letters and yet still stands out in Borbély's work as a profound homage.

[15] János Pilinszky, *The Desert of Love: Selected Poems*, translated by János Csokits and Ted Hughes (Anvil, 1989), p. 11.

After *Final Matters*, Borbély's poetry underwent still greater transformation, though it was only four years later that a complete volume—*To the Body: Odes and Legends*, from which the poems in the fourth section of this book are taken—made its appearance. Published in 2010, just under four years before its author's death, it was in fact to be his last published poetry collection. And the differences, at least in terms of subject matter, from the previous publication could not be greater. The poems in *To the Body* take up the subject of the physical experience of the female body, particularly as it traverses the stations of birth, stillbirth, miscarriage, abortion, and infertility, events that Borbély (rightly) perceived as constituting a kind of female Calvary. While Borbély does not entirely abandon the realm of Christian scholarly erudition—he was also inspired by the *Legenda Aurea*, the *Lives of the Saints*—he invites (and duly and correctly acknowledges) as his "textual guests" two books of direct personal testimony. A continuity is established with Book Three of *Final Matters*: some of the poems rework women's oral testimony from World War II in Hungary. The epigraph of the book is taken from the Talmud, Berachot 33b: "Everything is in the hands of God, save the fear of God." The intense focus on two of the most marginalized communities in Hungarian society—women and Jews—strongly ties Book Three of *Final Matters* to its successor, *To the Body*.[16]

For these first-person female narratives, one central thread consists of women talking about their experiences of birth, miscarriage, and abortion—derived from the compilation by Magdolna Singer entitled *Babies That Cry in Women's Dreams: Birth and Mourning*.[17] A series of anonymous narratives, largely related by women but in

[16] Also of importance is the poem (not included here) "The Ten Thousand," in which Borbély reworks the testimony of a young Romany woman who was raped by five Budapest police officers and still forced to pay them a bribe of 10,000 HUF afterward.

[17] *Asszonyok álmában síró babák: Születés és gyász*, 2nd ed. (*Jaffa Kiadó, 2006*): *Asszonyok álmában síró babák: Történetek a gyászról [Babies That Cry in Women's Dreams: Stories of Mourning]* (HVG Könyvek, 2016). Magdolna Singer notes, in the second edition, Borbély's use of her interviews in his volume *To the Body*, remarking that "[the author's] fundamental goal was for those registers [of experience], the traumatic nature of which we are not even conscious, to be enunciated. This book concerning the fates of women compelled him [Borbély] to take the first step toward that enunciation" (ibid., p. 279). It is interesting that Singer views Borbély's work as part of the ongoing process of the *collective enunciation* of women's trauma.

at least one case by a man as well, it was collected from a Hungarian internet forum that Singer initially set up to help women dealing with miscarriage. The second source is Katalin Pécsi's oral-history collection *Salty Coffee: Untold Women's Stories*,[18] completed with the assistance of Brandeis University's Hadassah International Research Institute on Jewish Women. Understandably, both collections present deeply traumatic episodes yet with the expectation— particularly explicit for Singer—that the narration of trauma is a potentially healing force in and of itself, perhaps even the only one. The language of Singer's informants is conversational, employing the somewhat more informal register of Hungarian common to internet forums, and reflective of the broader experience of post-1989 Hungary; Pécsi's contributors are understandably more formal, judging from their generational and individual circumstances, yet no less open in their harrowing testimonies.

Borbély does not aestheticize their words or appropriate their pain: rather, he assembles a polyphony of female voices relating their lives. He edits the women's narratives, at times rewording them slightly, as if reducing them to their very essence. For example, in the poem "Anoxia," which originates from Singer's narrative entitled "Liberation from Hatred,"[19] the story of the narrator's father—who at one point in her childhood had attempted to molest her—largely falls away, as does the greater detail concerning the narrator's husband. The luminous sentence "I observe people through their souls, I look into their eyes, and I see the soul that resides within them, not the outer covering, the body"[20] is rendered as "it was the soul that I observed / not the bodily covering . . ." The verbal distillation that occurs in the poem creates an immediate juxtaposition of this deeply spiritual thought with the description of the grueling regime of caring for the tiny baby who was born prematurely with epilepsy (the baby never left the hospital and died at the age of five months). In the narrative, the mother writes of her experience of taking the baby into the hospital garden: "I felt all this was important for my life, and that our suffering was not in vain. At that place and time, my mind was very much in its place, and my vocabulary turned

---

[18] Published simultaneously in Hungarian and English by Novella Könyvkiadó (Budapest, 2007); Hungarian title: *Sós kávé: Elmeséletlen női történetek*.

[19] *Asszonyok álmában síró babák*, p. 47.

[20] *Asszonyok álmában síró babák*, p. 51.

from everyday language to a deeper, spiritual content."[21] Borbély writes: "I was deeply / enriched, as I slowly lowered him / from the cross of life" (in the original narrative, the baby is a girl).

It is no accident that so many of these poems take as their main subject the experience of the anticipation of the child, which Borbély correctly identified as one of the most fundamental concepts of Judeo-Christian culture. In an essay dedicated to Imre Kertész, the Nobel Prize winner and Auschwitz survivor, Borbély writes about the way in which

[the Child] . . . is always the embodiment of the Messiah, or—to put it differently—of the Redeemer. This question illuminates man's lack of redemption, his inability to be redeemed, as a drama in time, repeated daily. In the paradoxical structure of the *Kaddish* [*Kaddish for an Unborn Child*],[22] this is the hopelessness of hope that is contained in the allegory of the unborn child. The paradox draws its dramatic strength from the way in which Judeo-Christian culture turns toward the Child, i.e., the Future, with taut expectation. With this expectation, both agitated and impatient, never slackening in its hopeful attentiveness and in its restive calls to the Messiah, the Redeemer, it turns toward every new arrival, whether it be a concept or a body to be born. The expectation of hope, never abating, is at the same time the surfeit of hopelessness, the unfulfilled expectation ensuing from a promised, albeit ever tardier, liberation.[23]

Borbély also writes:

It's as if—after the Holocaust—the Christian cultural significance of suffering, of the tortured and abandoned Body has itself been damaged. As if that sense of a knowledge that can be wrested only from suffering has disappeared . . . as if [the church] never recognized any kind of message whatsoever, for the world or for itself, and (in this heightened sense) the thought of the sanctity of the Holocaust has never been given any kind of role nor any kind of form in the liturgical order; remembrance has no place during Church services. . . . Auschwitz has never been organically incorporated into Christian culture. Kertész speaks of how Auschwitz itself became a culture;

---

[21] Ibid, p. 52.

[22] *Kaddish for an Unborn Child* [*Kaddis a nem született gyermeknek*], by Imre Kértesz, translated by Tim Wilkinson (Vintage, 2004).

[23] *Egy gyilkosság mellékszálai*, pp. 21–22.

Auschwitz has its own saints; the experience of Auschwitz will out-
live its survivors.[24]

All that is left, he concludes, is one single fragile weapon, beyond
every concept and every consciousness: love. A love that is powerful
only in its very fragility: a love that brings us to the child playing
innocently with its bleeding stigmata or calling out on the path to
the ovens to its mother.

Throughout his writing life, Borbély was most attentive to those
voices in Hungarian society that elsewhere fell on deaf ears. He
transformed his own poetic voice into a conduit for the murmur-
ings of central Europe's lost folk piety, the debates of the Hasidic
rabbis, the testimonies of women ravaged by the strictures of men.
And yet, through all these depictions of suffering, there was, none-
theless, a thread of redemption sensed as a real and realistic possi-
bility, an inner illumination not much different from the ray of light
falling upon the pelican. This was something one felt in Borbély's
presence most intently. Perhaps it is in the words of János Pilinszky,
in his poem "The Rest Is Grace," that his presence can best be called
forth:

Fear and dreams—
my mother and father.

The corridor and
the landscape, unfolding.

This is how I lived. How shall I die?
What will be my end?

The earth betrays me—embraces me.
The rest is grace.

— *Ottilie Mulzet*

[24] Ibid., pp. 23–24.

The Lockert Library of Poetry in Translation

† Out of print

Nothing Is Lost: Selected Poems by Edvard Kocbek, translated by Michael Scammell and Veno Taufer, and introduced by Michael Scammell, with a foreword by Charles Simic

The Complete Elegies of Sextus Propertius, translated with introduction and notes by Vincent Katz

Knowing the East, by Paul Claudel, translated with introduction and notes by James Lawler

Enough to Say It's Far: Selected Poems of Pak Chaesam, translated by David R. McCann and Jiwon Shin

In Hora Mortis/Under the Iron of the Moon: Poems, by Thomas Bernhard, translated by James Reidel

The Greener Meadow: Selected Poems by Luciano Erba, translated by Peter Robinson

The Dream of the Poem: Hebrew Poetry from Muslim and Christian Spain, 950–1492, translated, edited, and introduced by Peter Cole

The Collected Lyric Poems of Luís de Camões, translated by Landeg White

C. P. Cavafy: Collected Poems, Bilingual Edition, translated by Edmund Keeley and Philip Sherrard, edited by George Savidis, with a new preface by Robert Pinsky

Poems Under Saturn: Poèmes saturniens, by Paul Verlaine, translated and with an introduction by Karl Kirchwey

Final Matters: Selected Poems, 2004–2010, by Szilárd Borbély, translated by Ottilie Mulzet